JN287611

WASEDA University Academic Series

早稲田大学学術叢書

18

対話のことばの科学

―プロソディが支えるコミュニケーション―

市川　熹
Akira Ichikawa

早稲田大学出版部

The Science of the Language of Dialogs
Prosody Facilitates Communication

Akira ICHIKAWA is professor at the Faculty of Human Sciences, Waseda University, Tokyo.

The English summary is at the back of this book.

First published in 2011 by
Waseda University Press Co., Ltd.
1-9-12-402 Nishiwaseda
Shinjuku-ku, Tokyo 169-0051
www.waseda-up.co.jp

© 2011 by Akira Ichikawa

All rights reserved. Except for short extracts used for academic purposes or book reviews, no part of this publication may be reproduced, stored in a retrieval system or transmitted in any form whatsoever—electronic, mechanical, photocopying or otherwise—without the prior and written permission of the publisher.

ISBN 978-4-657-11711-3

Printed in Japan

はじめに

　本書は，私が 1964 年に日立製作所中央研究所にて音声の研究を始めて以来今日までの 47 年間，結果的に研究活動の中心的テーマとなった対話音声，手話，指点字に横断的に現れるプロソディに関して，これまでの成果を共同研究者との成果を含めて対話の実時間性に注目してまとめてみたものです。なお，これらの共同研究の中で手を付けることができなかった部分もあり，他の研究機関の成果を引用させていただいていることをお断りしておきます。このほかに私が取り組んできた情報福祉関係や，音声合成・音声認識などのテーマにも，その背景にはプロソディや対話の実時間性に関する視点や心的負荷の軽減という問題意識が存在していますが，内容が拡散することや，これまでの他の著書などで触れてきたこともあり，本書ではほとんど触れないことにいたしました。

　さて，社会的存在である人間を支えている重要な基本的機能として，他者との言語による対話機能が存在しています。

　表出すると同時に消えていく（揮発性）にもかかわらず，何故連続している音韻の列の中から単語と単語の境目が直ちにわかるのか，何故脳の中に記憶されているであろう何万語・何十万語もある単語から特定の言葉が直ちに取り出せるのか，何故取り出された単語と単語の関係（文の構造）が直ちにわかるのか，何故に円滑に話者の交替が行われるのか，いずれも非常に不思議だと感じてきていました。言語処理だけでは，脳による実時間処理は間に合うとは考えられないからです。

　この疑問に対して，どのようなきっかけで，どのように考え，どのように取り組んだのかについては，具体的には本文に譲るとしても，話題を絞ったとはいえ，多岐にわたっていますので，ここで全体の流れを概観しておくことにします。

本書の特徴は，対話のことばの表出時に音声信号などの物理的実体に自動的に付加される「予告情報」が存在することを仮定し，その存在の可能性を示した点です。この「予告情報」は人の知的活動にとって極めて重要な本質的存在と考えます。

　対話のことばは，物理的実体の上に，文法と語彙などで構成されている記号系（日本語や英語など）に基づく文章により意味が表現され，伝えられます。言い換えれば，物理的実体が存在しなければ，言葉は伝えられないことになります。したがって，対話のことばの実時間性を支える機能が，この不可欠な物理的実体の中にも存在すると考えるのは，極めて自然な発想だと思います。

　その物理的実体情報として，書き言葉では通常表記されない対話言語に特有のプロソディ的情報（韻律や抑揚などとも呼ばれ，イントネーションなど，声などの話し方の調子に現れる情報。以下，「プロソディ情報」ということにします）に注目しました。

　対話音声（聴覚言語）と同様に揮発性の自然言語で対話言語でもある手話（視覚言語）や指点字（触覚言語）も分析した結果，それらにも音声のプロソディに対応する情報が存在することを見出しました。そのことは，これらプロソディ情報が実時間での対話を可能としている重要な情報を担っていることを示唆していると考えられます。

　そこで，音声のプロソディをさらに詳細に分析した結果，プロソディには，対話のことばに連続して現れる語彙と語彙の境界の位置が，この先のどこにありそうかという予告や，それらの語彙の間の文としての構造関係（係り受け）がどのように展開しそうかという予告，話し手の発話が終わるのか，継続していくのかという予告（話者交替の予告）などの情報が存在しており，聞き手はその情報を活用し，文脈などの様々な情報と組み合わせて予測し，その結果，対話が実時間で円滑に進んでいることが示唆されました。

　また，予告と予測に基づく重複発話は，聞き手の反応の情報であって，対話の展開に対する見通しを話し手に与え，心的負担を軽減する効果をもたらしていると考えられます。これも円滑な対話を可能としている重要な要素だ

と考えられます。

　さらに，インタラクションという対話の重要な側面を見ますと，相手の応答の状態が話題の展開へ影響することが観察されます。このことは，上記の実時間知覚認知が可能であって実現される現象だと思います。

　対話の実時間性を支えるこれらの機能は，相手の状態（感情や個人性など）による対話のリズムの変化などを知覚・認知する上でも不可欠な機能です。

　この機能は，乳幼児が言語を獲得したり，社会性に不可欠な他者の存在という概念を獲得する基盤となっているものとも考えられます。逆に言うならば，発達障害者の中に見られる対話の苦手な現象は，このプロソディの持つ実時間伝達支援情報による予告や予測の機能の獲得に障害があるためではないかという可能性を示唆しています。

　以上のように見ていきますと，プロソディの持つ予告情報は人の知的活動にとって極めて重要な本質的存在と考えられます。

　予告情報は実時間理解のための処理を支援すると同時に揮発していく。それにより極めて容易に理解処理が行われるため，我々はその情報の存在を意識することはなく，従来この情報は見落とされてきたものと思われます。また，言語的情報ではないため，既存の言語学関係の研究対象とはならない領域でもあったのではないでしょうか。

　なお，音声言語の持つ情報としては，これまで「言語的情報」「周辺言語的情報」「非言語的情報」があるとされてきました。これに対し本書では，上記の研究の結果を踏まえ，音声のほかに手話や指点字などの実時間対話言語が横断的に持つ情報として，「伝達内容情報」（「言語関連情報」と「発話者情報」）と「実時間伝達支援情報」（「伝達内容構造予告情報」と「話者交替予告情報」）とすることを提案しています。後者が，対話言語表出時に付加される情報であって，この見方が本書の特徴だと考えています。

　まとめてみると，まだまだ不確実のままとなっている内容や，未解決・未着手の課題が山積していることが，改めて浮き彫りになってきています。私

自身も引き続きこれらの課題に挑戦を続けたいと思っています。
　本書を通して，多くの方が，社会的存在である人のコミュニケーションを支えている対話言語の持つ優れた性質と，その実現を可能としているプロソディや，それに対応する人間の優れた対話機能に目を向けていただけることを期待しています。
　また，障害者や高齢者のコミュニケーションにおける心的負担を軽減させる技術開発の一つの手がかりになるのではないかと考えています。

目　次

序　章 —————————————————————— 1

第1章　実時間コミュニケーションとプロソディ ———— 7
1　対話音声の不思議 ……………………………………………… 7
2　対話のことばの持つ情報 ……………………………………… 8
3　音韻の構造 ……………………………………………………… 11
4　プロソディ ……………………………………………………… 12
5　実時間対話 ……………………………………………………… 13
  1　意図・感情・個人性　13
  2　発話文の生成　14
  3　対話者の状態　14
  4　実時間対話の階層モデル　15
6　実時間対話と合意形成 ………………………………………… 17
7　人類の言語獲得と音声 ………………………………………… 18
8　実時間言語
　　──聴覚言語（音声），視覚言語（手話），触覚言語（指点字）…19

第2章　対話研究の概要 ————————————————— 21
1　対話分析と分析単位 …………………………………………… 21
  1　談話分析，会話分析　21
  2　対話分析の単位　23
2　言語行為論 ……………………………………………………… 27
3　予測文法と投射 ………………………………………………… 30
  1　寺村らの試み　30
  2　投射　31
  3　予測文法　31

  4 漸進的発話末予測モデル *32*
  4 言語レベルのモデルは対話の実時間性を説明できるか……*33*

第3章 実時間音声対話を支えるもの ───── 37
 1 対話音声の収録 …………………………………………………*37*
 2 対話音声の実体 …………………………………………………*40*
 3 予告と予測 ………………………………………………………*40*
 4 文構造情報とプロソディ ………………………………………*43*
  1 ガーデンパス文と音声 *43*
  2 プロソディと文理解 *45*
  3 プロソディによる文構造抽出 *46*
  4 アクセント句のセグメンテーション *48*
  5 プロソディの文末表現と話者交替 *49*
 5 実時間伝達支援機能とプロソディ ……………………………*50*
  1 F0モデルによる遺伝的アルゴリズムを用いた基本周波数の抽出 *50*
  2 アクセント情報によるセグメンテーションの予告 *54*
  3 プロソディの文構造予告情報 *56*
  4 プロソディによる話者交替の予告と予測 *61*
 6 あいづち …………………………………………………………*64*
 7 音声のリズム構造 ………………………………………………*65*

第4章 手話（実時間視覚言語）とプロソディ ───── 67
 1 自然言語としての手話 …………………………………………*68*
 2 手話対話の収録 …………………………………………………*68*
 3 手話の記述法の試み ……………………………………………*72*
  1 記述の単位 *72*
  2 sIGNDEX法 *74*
 4 ドラえもんの手話とお面の手話 ………………………………*79*
 5 日本手話の非手指信号とプロソディ …………………………*80*
 6 日本手話の時間構造とプロソディ ……………………………*82*

1　メトロノーム手話と文構造抽出　82
   2　手話における首動作　82
   3　対話のリズムとうなずき　86
   4　手話対話における話者交替　90
   5　手話における視線　92
   6　手話文理解とプロソディ　93
   7　手話における「予告」と「予測」機能　93
 7　日本語対応手話のプロソディ ……………………………………94
 8　手話CG ……………………………………………………………95
   1　手話CGへの要求条件　95
   2　手話CGの実現方法　96
   3　手話CGの評価　100
 9　手話の学習 …………………………………………………………101
 10　手話テレビ電話とプロソディ ……………………………………102
   1　画質特性　102
   2　遅延特性　105

第5章　指点字（実時間触覚言語）とプロソディ ——— 107
 1　指点字との出会い ………………………………………………108
 2　指点字とは ………………………………………………………108
   1　点字　108
   2　指点字　109
 3　指点字の収録 ……………………………………………………111
 4　指点字の打点間隔と打点の強さ ………………………………114
   1　指点字の打点間隔　114
   2　打点の強さ　115
 5　指点字文 …………………………………………………………115
   1　曖昧構造文とプロソディ　116
   2　ニュース文とプロソディ　117
 6　指点字における予告機能 ………………………………………119

- 7 指点字の規則合成 ……………………………………………… 119
  - 1 指点字合成規則　119
  - 2 擬似実験　120
  - 3 盲ろう者による評価実験　123
- 8 指点字のあいづち ……………………………………………… 124
- 9 指点字システム ………………………………………………… 125
  - 1 指点字端末　125
  - 2 指点字電話　126
  - 3 指点字規則合成応用　126
  - 4 指点字ワープロ　126
  - 5 指点字会議システム　127
- 10 指点字の学習 …………………………………………………… 127
- 11 そのほかの触覚を用いたコミュニケーション手段 ………… 128
  - 1 点字タイプライタ　128
  - 2 触手話　128
  - 3 触指文字　129
  - 4 手書き文字　129
  - 5 握り点字　130

第6章　発話者の情報とプロソディ ——— 131

- 1 発話者情報 ……………………………………………………… 131
  - 1 発話者情報と身体的特性　132
  - 2 発話者情報とプロソディ　132
  - 3 発話者情報と音韻　133
- 2 感情情報・強調表現 …………………………………………… 133
  - 1 情動と感情, 気分　135
  - 2 対話のことばにおける感情情報の役割　136
  - 3 基本感情　136
  - 4 音声の物理特性と感情　137
  - 5 音声の印象要素と感情　138

6 音声の強調表現 144
        7 手話・指点字と感情・強調 145
    3 個人性 147
        1 個人性の知覚・認知の種類 147
        2 知人など 148
        3 非知人 148

第7章　身体動作・表情とプロソディ ――― 151
    1 うなずき 152
        1 音声対話における「うなずき」 152
        2 音声対話と手話対話の「うなずき」の比較 158
        3 指点字における「あいづち」「うなずき」機能相当動作 160
    2 視線 161
        1 音声対話における視線 161
        2 音声対話と手話対話の視線動作 163
    3 多人数対話と身体動作・視線 163
    4 言語発達と身体動作 164
        1 言語獲得と身体動作・プロソディ 164
        2 心の理論・心の理解 165
        3 実時間対話機能としてのプロソディと自閉症 167

第8章　知覚・認知と実時間処理 ――― 169
    1 入力パターンの正規化 169
    2 知覚と実時間処理 171
    3 心的辞書と実時間処理 172

第9章　実時間対話言語のモデル ――― 175
    1 声・手話・指点字の言語特性 175
    2 実時間対話言語の持つ情報 177
    3 音声・手話・指点字のプロソディ 181

4 実時間性を支える機能	183
1 知覚における対数変換　183	
2 心的辞書とパターン処理　184	
3 予告情報の実時間処理　184	
5 実時間理解のモデル	185
1 時間的側面からのモデル　185	
2 各情報の相互関係からのモデル　187	
6 対話言語の表出モデル	189
1 時間的側面からのモデル　189	
2 対話言語表出の情報相互関係からのモデル　191	
7 実時間インタラクション	191
1 対話におけるインタラクション　191	
2 乳幼児の言語獲得，自閉症とインタラクション　193	
3 子供の対話能力の発達　196	
4 障害者支援技術と対話特性　196	
8 実時間伝達支援情報の意義	198

お わ り に	202
参 考 文 献	210
索　　　引	228
英 文 要 旨	235

序　　章

　これまでの私の著書では，プロソディが音声などの揮発性の言語による対話における実時間性や動的側面で極めて重要であることを指摘してきた。
　しかしプロソディの機能については，そこでは聞き手の処理量を低減する効果を中心に言及してきたが，それは実時間対話を可能とする「本当の意味での実時間処理」を保証するものではなかった。
　その「本当の意味での実時間処理」が実現するためには，話し手がまさに現時刻で表出しつつある発話文の具体的内容のこの先の展開を，聞き手は「先取り」して「予測」することが不可欠であろう。
　本書では，その可能性を示唆する「予告」[1]情報という概念を新たに提示し，それがプロソディ情報の中に存在する可能性を示す。対話のことばの

---

[1] 予告と予期，予測：本書では，「先取り処理」に関連する機能をさらにその情報源から区別して用いる。音声などの物理的メディアからの具体的発現時刻（例えば話者交替の時刻）に関するものを「予告」情報，文脈などの情報を用いた話題内容のその後の展開などに関する処理を「予期」，「予期」による情報と「予告」情報を用いて聞き手が行う具体化処理を「予測」と呼ぶこととする。また音声などの物理的メディアの持つ「予告」情報と区別して，文法情報による機能については「投射」という用語を用いる（第3章第3節脚注参照）。

持つ様々な重要な機能は，いずれもこの「本当の意味での実時間処理」に支えられていると考えられる。

また，感情などを含む様々な発話者情報も対話においては不可欠であり，そこでもプロソディが重要な役割を果たしている。

なお，専門書としては必ずしも相応しくない記述かもしれないが，「対話のことば」が人の使う活き活きとした性格のものであることにかんがみ，あえて私のそれとの個人的出会いの経験にも適宜触れることをお許しいただきたい。

私が音声の研究に取り組んだきっかけは，半導体の研究者を目指して1964年に入社し配属された研究所で，希望に反して音声の研究室に配属されたことにある。配属後1年ほど抵抗しながら先ず考えたことは，今後の社会は情報関係が重要になるだろう点は理解できるが，音声よりも情報量の多い画像処理関係の方が，研究者としては有利ではないかということであった。しかし，人間にとって最もプリミティブなコミュニケーション手段は音声であり，人間にとっての音声の性質を知ることは，様々なメディアに関する人間の知的機能を見通す基本的視点を得ることになるのではないかと思い極め，貧乏くじを引く覚悟で音声研究に従事することを決心したのであった。

そこでの最初の研究対象は人工的に音声を合成する研究であり，人にとって聞きやすい音声を作るためには，プロソディ情報の付与は不可欠であった。音声研究の第一歩からプロソディの持つ機能の重要性に無意識のうちに目が向けられていたのである。

さて，対話音声は表出と同時に消失する（揮発性）にもかかわらず，何故連続している音韻の列の中から単語と単語の境目が直ちにわかるのか，何故脳の中に記憶されているであろう何万語・何十万語もある単語から特定の単語が直ちに取り出せるのか，何故取り出された単語と単語の関係（文の構造）が直ちにわかるのか，何故発話者の交替が円滑に行われるの

か，いずれも非常に不思議である。

また，対話では，誰がどのような気持ちや体調で話しているかも，円滑な対話を進める上で重要な要素である。感情などに関する音声の有する発話者情報に関しては，私は1970年代の初めに一時期試みたにもかかわらず，その後体系的・構造的理解のアプローチが思い浮かばず，放置してきた。その後何人かの研究者が感情音声の分析を試みておられるが，残念ながら継続的取り組みは少ないように思われる。

書き言葉はせいぜい5000年の歴史しかなく，書き言葉のない言語の方が多い。本来の言葉は対話のことばである。対話のことばは，受け手が話し手のことばを聞いて解釈し，反応し，その聞き手の反応にまた話し手が反応する。そのやり取りの実時間でのインタラクションからなる。本書では，話し手の内部状態の如何にかかわらず，聞き手がどのように実時間で話し手のことばを「予測」し解釈するかが重要であり，またそれを可能とするためには実時間予測処理を可能とする仕掛け（「予告」情報）が不可欠であるという視点から，対話のことばを考えていきたい。

これまで対話のことばには，言語的情報，周辺（パラ）言語的情報，非言語的情報と呼ばれる様々な情報が含まれているとされてきた。本書では，この静態論的視点から上記のような動態論的視点に移し，実時間対話言語の持つ情報を，円滑な実時間対話を実現するために必要な機能を支える情報を含む構造として，伝達内容情報（言語関連情報，発話者情報）と実時間伝達支援情報（伝達内容構造予告情報，話者交替予告情報）からなるとする。特にその中から，実時間伝達支援情報と発話者情報に焦点を当て，対話のことばの持つすばらしい機能を取り上げようと思う。言語関連情報に関しては，これまで多数の研究成果が報告されており，言及は必要最小限に留める。

対話のことばは，音声や手話などの物理的実体と，その上で表現される言語体系やそれにより表現される文とそれによる意味表現の連続体による

意図などのソフト的側面からなる。本書では，主に実時間伝達支援情報に焦点を当て，前者の物理的実体に注目する。

　ことば表出時に自動的に付加される情報が物理的実体に存在すると仮定し，その情報は実時間理解のための処理を支援すると同時に揮発する。それにより容易に理解処理が行われるため，我々はその情報の存在を意識することはなく，そのため従来この情報は見落とされてきたものと思われる。また，言語的情報ではないため，既存の言語学関係の研究対象とはならない領域でもある。

　その情報として，書き言葉では通常表記されない対話言語に特有のプロソディ情報（韻律や抑揚などとも呼ばれ，例えばイントネーションなど，声などの話し方の調子に現れる情報）に注目している。

　揮発性の言語には聴覚言語である音声のほかに，視覚言語である手話や，触覚言語である指点字なども存在する。これらの言語でも日常的に使い慣れている人たちは，音声並みの速度で円滑にコミュニケーションを行っている。これらの言語にも音声と同様の仕掛けが存在しているものと予測される。

　さて，言語に関する研究には，対象とする言語現象をどれだけ体系的に矛盾なく説明できるかというサイエンス的視点と言語に関する応用的視点の対立軸と，そのことばを使う人との関係を重視する視点と使う人との関係を切り離して目的を追求する視点の対立軸の，2軸があると考える。

　言語学は，人との関係にこだわらず，言語現象をできるだけ体系的に矛盾なく説明できるモデル（文法）を追求するサイエンスである。また工学（言語処理）はコンピュータの演算速度やメモリ容量を活用し，人がどのように処理しているかにはかかわらずに，応用目的の下に解析や変換性能とコストの向上を追求する立場である。

　これに対し，本書はその「ことば」を使う人と「ことば」の関係を重視し，実時間での「ことば」の振る舞いを体系的に説明できるモデルの構築

を目指す。

また文法とはどのような言語的情報がどのような形で言語に表現されるかを体系化したもので，いわば情報発信という話し手の視点が中心のように思える。

一方，対話は聞き手が話し手の発したもの（言語的情報だけでなく，感情や個人性などの情報を含めて）からどれだけ情報を汲み取り応答していくか，のサイクルであり，話し手の発した情報内容にかかわらず，それを聞き手がどう受け止めたかという視点が中心ではないかと考える。受け止めることのできなかった情報は，対話では存在しなかったことと同じであろう。本書では基本的にはこのような視点から検討を進めたい。

またこれらの検討を通して，乳幼児の言語獲得のメカニズムや対話機能に困難さを持つ自閉症などへの理解を進める上でのヒントも得られるのではないかと思われる。

さらに，この成果の応用としては，ユーザビリティの高いヒューマンインタフェースの実現なども存在するだろう。

将来，言語獲得や自閉症の場合なども含め，認知科学的実験や脳活動の観察などを通してこの「予告」情報の存在が確認されるならば，それは人の知的活動にとって極めて本質的存在であると思ってよい。

なお使う人との関係の下に実時間でのことばの振る舞いを体系的に説明できるモデルとしては，話し手の表出の実際の生理的過程に注目する立場や，聞き手の知覚・認知の実際の生理的過程に注目する立場と，観測できる音声の現象を説明できる計算論的モデル構築の立場の3つの視点があり得る。本書は観測や実証可能な計算論的モデルの構築という方法論を中心に検討を進める。

未だ解明の進んでいない点も多いが，プロソディの持つ物理特性面からの分析や認知科学的実験を通して，これまでにわかってきたことに重点を置いて記述する。

第1章
実時間コミュニケーションとプロソディ

　私たちは母語の人同士で話をしているときに，話す内容を考えたり，相手の言葉の意味を理解することに対しては意識するが，一方で話す動作や聞く処理に関しては，ほとんど注意を傾けない。うるさい環境下でも，かえって内容を伝え損なったり，聞き間違えないようにと，会話の内容には意識を向け，自然に大声で話したり耳をそばだてても，そのことを無意識に行っていることが多い。

　本章では，日常円滑に進められている私たちの対話のことばの特徴について，音声対話における音声を中心に触れることにする。

1　対話音声の不思議

　よくよく考えてみると，音声のような発声とともに消えてゆく（揮発性）対話のことばには，不思議な機能が存在することがわかる。
　例えば，「ニワニワニワニワトリガイル」という文字を見て，直ちに何が書かれているのかを判断することは難しい。しかし，音声で聞けば，それが揮発性の情報にもかかわらず，「庭には鶏がいる」「2羽庭には鳥がいる」

「庭には2羽鳥がいる」などの違いを，直ちに聞き取ることができる．

また，日本語では，疑問形や肯定か否定かの違いは文末に現れる．にもかかわらず，日本人の会話では，話し終わらないうちに，返事をしたり，話し始めたりすることが非常に多い．半分近い発話が重なっているようだ（重複発話）（小磯 96b；中野 97）．何故最後まで聞かないでわかるのであろうか．

もちろん聞き手は対話の流れ（文脈）からある程度の次の展開を事前に「予期」することは行っているであろう．日本語の言語構造から言語学的に「予測」の可能性を試みた先行研究も，第2章でその例を紹介するように，幾つも存在している．

しかしながら，入力音声データが最後まで揃わないという状態で，その「予測」処理をするための前提となる一連の言語処理，例えば，単語を切り出し，品詞情報を確定し，構文解析を完了するまでを先取りして実現することが求められる．

さらには，「予期」するための処理や，相手の発話を理解し応答内容を考える処理が，「予測」処理と認知機構で競合する可能性を考えると，認知における処理量自体を軽減することも必要であろう．

しかし従来検討されてきた処理のみでは，おそらくはその実現は困難であろう．そのためには，最後まで聞かなくても「予測」できる機構，例えば先取り処理を支援する「予告」情報の存在と，それを活用する処理が不可欠だと考えられる．

2　対話のことばの持つ情報

対話のことばには従来，「言語的情報」「周辺（パラ）言語的情報」「非言語的情報」と呼ばれる様々な情報が含まれているとされてきた．この分類の提案者である藤崎によれば，「言語的情報」は，符号としての言語に

より規定される離散的な情報，すなわち辞書・統語・意味・談話のレベルで，主として文字による表記が可能なもの，あるいはその前後の文脈から一義的に，またはたかだか有限個の選択の可能性を残して導出し得るものを指す。「周辺（パラ）言語的情報」は，言語的情報を直接的に補完し，話者が意識的に制御できる情報であり，「非言語的情報」は，言語的情報を間接的に補完し，話者が意識的に制御できない情報と定義されている（藤崎 06）。

「言語的情報」としては，弁別特徴，音韻，音節・拍，形態素・語彙，アクセント句，文節，文，などの階層構造がある。また，対話の場においては，その進行とともに，相手の影響を受け話題内容や心理状態などが変化してゆく。これらは「プロソディ」に「周辺（パラ）言語的情報」「非言語的情報」として現れる。

ここで，音声を対話現象の側面から比喩により見直してみよう。「音声」という「物理的メディア」の上に「言語的情報」が載っていることが思い起こされる。比喩的に言うならば，「音声」という連絡船に「言語的情報」（日本語など）というコンテナに詰まれた荷物である「伝達意図情報」が載っていて，港を行ったり来たりして「伝達意図情報」がやり取りされている。「言語」（日本語など）というコンテナは「文法」と「語彙」レベルの辞書，「意味レベル」（セマンティックス）という階層構造があるとされている。そのコンテナに「意図」という荷物が載せられて伝えられ，そのやり取りにより対話の意図の伝達が達成される。積荷の内容の取引を支える慣行や荷動きの動向などが「運用レベル」（プラグマティックス）と比喩できよう。

「連絡船」のデザインや「コンテナ」の搭載の仕方，「契約書」の書き方

---

1 文字表記：文字のない言語や一部の音韻を記述しない言語などもあり，文字表記は参考程度と考えるべきだろう。

などには船会社や荷主の個性（発話者情報）が表れるだろう。

連絡船が「実時間」で往復できなければ「言語的情報」は実時間でやり取りできない。実時間での運行を可能とするために，この「連絡船」（例えば音声）が「港」（話し手や聞き手）との間で出航や入港の合図を「事前に行っている」（「予告」）と考えたらどうだろうか。そこでは契約書や運航計画書などからどのような種類の荷物を積んだ連絡船がいずれ入港するだろうということはおおむねわかっている場合もあるだろう（「予期」）。港のオペレータはこの「予告」合図により入港を事前に「予測」することができる。もちろんこの「合図」には「連絡船」と「港」との間に一定の約束事があって機能することは言うまでもない。また，「連絡船」の仕様により載せることのできる「積荷」にも何らかの制約がある（大きさや種類など）ということも考えられよう。逆に言えば「連絡船」の構造や喫水の状態，速度などにも「積荷」が反映している。

「船」（音声）を観察して得られる情報には，積荷の「伝達意図情報」が搭載された「言語的情報」により主に左右される「スペクトル」情報と，それ以外の情報を伝える「プロソディ」（「韻律」「抑揚」などとも）情報がある。本書は主に「プロソディ」と，それを有効活用しているであろう「人の機能」に焦点を当ててみようという試みである。

本書では，上記のような視点から，実時間対話言語の持つ情報を，円滑な実時間対話を実現するために必要な機能を備えているはずだという視点から，伝達内容情報として「言語関連情報」（例えば上記の積荷），「発話者情報」（例えば上記の「連絡船の仕様」など），「実時間伝達支援情報」（例えば上記の「事前連絡の情報」，「予告」情報）など），というように分類したい。特にその中から，「実時間伝達支援情報」と「発話者情報」に焦点を当て，対話のことばの持つすばらしい機能を考えていこうと思う。

3 音韻の構造

音声の音韻は，伝統的に /a//i/ のような母音と呼ばれるものと，/k//s//m/ のような子音と呼ばれるものに分類される。母音は単独での発声が可能な音韻，子音は母音と組み合わせないと発声できないものとされている。

母音は声帯が振動して作られる音源（有声音源）と口の共鳴の組み合わせで生成される。口の形で共鳴の特徴が変わり，/a/ や /i/ の違いが現れる。

子音は /d//m/ などの有声子音と /k//s/ などの無声子音とに分類される。有声子音の音源は声帯の振動であるとされるのに対し，無声子音の音源は口の中や唇を狭めて空気の流れを乱して生成する雑音である。

また，子音には /m//s/ のように口の形の変化のないものと /d//k//w/ のように口の形の変化が必要なタイプがある。特に変化の激しい /p//t//k//b//d//g/ は破裂音，変化のない /s//z/ は摩擦音と呼ばれる。変化の緩やかな /y//w/ は半母音，/r/ は流音と呼ばれる。

なお，日本語では伝統的に母音は /a//i//u//e//o/ の 5 つとされているが，/ya//yu//yo/ を二重母音と見なして加え 8 母音としても矛盾しない。例えば「か行」を /ka//ki//ku//ke//ko/ の 5 段の代わりに，/ka//ki//ku//ke//ko//kya//kyu//kyo/ の 8 段と見なすことも可能である。

また日本語では，そのほかに特殊なものとして，撥音 /N/（はねる音「ン」），促音 /Q/（つまる音「ッ」），長音 /H/（母音を伸ばした音）がある。これらの音は単独では発音できない点で子音に似ているが，リズムの単位（「拍」「モーラ」，後出）としては一つの単位として振る舞う。

音韻構造に関しては，詳しくは窪園 99 を参照されたい。

4 プロソディ

「プロソディ」には類似の用語に「韻律」「抑揚」などがある。本書では多様な側面を対象とするので既存の学術的用語を避け,「プロソディ」という用語を用いることとする。音声の「韻律」は,広瀬によれば物理的量の側面に注目し,「単語あるいはそれ以上の広い範囲に関係し,「声の高さ」や「声の大きさ」,「時間構造」などの時間的変化や標準的値からの偏差が持つ情報」(広瀬啓 06),また藤崎の定義では機能的側面に注目し,「一つの発話,または一連の複数の発話に一貫性を与えるための,個々の言語単位の発話の間の関連づけ」とされている(藤崎 06)。

声の高さは,物理量の視点としての「基本周波数」と心理量の視点からの「ピッチ」が,「声の大きさ」には物理量の「パワー」や心理量の「ラウドネス」が,「時間構造」には物理量として「音素の持続時間」や「ポーズの持続時間」,心理量としては「リズム感」「間」などの視点がある。対話は「人」が行うものと考えれば,「人」が扱う情報としての「心理量の視点」が重要である。しかし現実には,多くの実験などでは操作可能あるいは観察可能な物理量で近似し,扱わざるを得ない。「物理量」が多様な「心理量」にどのように関係してゆくかを見てゆく方向が効率的であろう。

日本語の「リズム」は「拍」(モーラ) 単位と呼ばれ,俳句や短歌のリズムである 575 や 57577 として数える単位である。なお音声学では,「拍」に対して「音節」という単位がある。後者は発音できる最小の単位と考えてよい。例えば「日本」という単語は,「拍」では,「ni-Q-po-N」の 4 拍であるが,「音節」では,「niQ-poN」の 2 音節である。

プロソディの持つ様々な機能に注目すると,「声の高さ」「声の大きさ」「時間構造」以外にも類似の機能を持つものが存在する。例えば視線や身

体動作などがある。また生身の「人」が発する以上，これらの情報や「スペクトル」などのそのほかの情報に対しても相互に完全に独立でありうるはずはなく，何らかの相関を持っている場合が多い。例えばピッチアクセント言語の日本語音声でもストレスアクセント言語の英語音声でも，物理量の基本周波数とパワーは非常に高い相関を持つことが知られている。ピッチアクセント言語とストレスアクセント言語は，コミュニケーションの情報として主にどちらを利用しているかの違いのようである。

また基本周波数の存在しない「ささやき声」でもピッチ感覚であるアクセントやイントネーションを聞き取ることができる。おそらく高い基本周波数で発声するためには声帯に緊張を与えるために声帯波形の高調波成分の比率が増し，スペクトルの高域が相対的に高くなるが，「ささやき声」を発する時には音源の雑音の高域成分をコントロールすることによりピッチ感覚を引き起こさせているものと考えられる。

このように複数の情報にプロソディ情報が分布することにより，冗長な構造となり，実時間コミュニケーションを，よりロバスト（安定）に実現しているものと思われる。

5　実時間対話

私たちは対面で実時間で対話をする時に，相手がどのような人で，どのような感情や体調なのかなど対話者の状態の情報（発話者情報）を無意識に勘案しながら，言っていること（言語的情報）を実時間で理解し，並行して自分が発話しようとする内容を無意識に計画し，発話を行っている。

1　意図・感情・個人性

「わかりましたか」と言われても，その話し方から，「叱られている」と自己中心で感じるだけでなく，「相手は私に対し怒っている」というよう

に，相手の状態を発話者情報から直感的に理解することは，円滑なコミュニケーションでは欠かせない要件であろう．人間が社会性を持つためには，他者の存在を理解し，言語では表せない相手の感情や個人性，社会的立場などの情報を適切に把握し，コミュニケーションを行う必要がある．

音声には，感情（情動，情緒）や個人性，性別，体調，社会的立場や相互関係，地域性，育成環境など様々な情報が含まれている．対話では無意識のうちに自分のそのような情報を発信したり，また相手のその情報を知覚・認知し，言語的情報と統合的に運用している．

2 発話文の生成

実時間で意図から発話までが，どのようなプロセスで行われるかは明らかではない．思考の展開のメカニズムとも密接に関連してくる未解明の領域である．表明したい意図に関連したキーワードが心的辞書から浮上し，心的辞書の対応する語彙の持つ文法情報やプロソディ情報が活性化され，発話文に凝縮するようなメカニズムがあるのかと思われるが，想像のレベルに留まる．

なお，計算論的モデルの例としては藤崎の提案がある（藤崎 06）．

3 対話者の状態

視聴覚などの知覚レベルでは相互の干渉は小さいという説が有力のようであるが，思考をつかさどる認知レベルでは競合が生じる．その点を利用してインタフェースの評価には二重課題法などが開発されている．そのように考えると，情報を受け取り理解する過程と自らの意図をまとめてゆく過程は，認知レベルで競合する面と相互に促進する面が存在すると思われるが，直接的に観察することは難しい．

したがって，対話現象を観察・分析する手段としては，計算論的立場により観察される事実をできるだけ矛盾なく説明できるモデルを構築するの

7. 実時間伝達支援情報	（プロソディ，表情，身体動作，など）
6. 周辺（パラ）言語的情報	（プロソディ，表情，身体動作，など）
5. 言語的情報	（音韻，形態素，など）
4. メディア	（聴覚・視覚・触覚言語などの物理層）
3. 発話意図	（何を伝えたいか，意味情報）
2. 対話態度	（話す，話し終わる，聴く，聞き流す，など）
1. 発話者情報	（個人性，情動・感情，体調，など）

図1-1 対話者の階層モデル

が現実的アプローチと思われる。

4 実時間対話の階層モデル

図1-1に示すような階層的モデルを想定してみよう。

階層レベル1, 2, 3はメディアの種類（音声，手話など）によらず共通の階層であるが，階層レベル4, 5, 6, 7はメディアの種類や言語により具体的発現が異なる階層である。例えば，同じ意図を日本語音声（聴覚言語）で表現するのか，日本手話（視覚言語）で表現するのかという違いは階層4に現れる。

対話状況に注目すると，対話の時間に沿って展開する視点が問題になる。どの対話参加者が（階層1），その時点では何かを表明しようとしているのか，あるいは相手のことばを聴こうとしているのかなど，どのような態度にあるか（階層2），その時点で何らかの意図を表出しようとしているなら，どのような意図を伝えたいと思っているか（階層3），どのような言語メディアによるのか（階層4），その言語メディアの持つリソースをどのように組み合わせて表出するのか（階層5），言語的情報を語彙情報ではなくプロソディなどで表出するのか（階層6），瞬時に理解可能とする情報の付加（階層7），ということになろう。なお，階層7の情報は，言語獲得により自動化され，特に意図することなく表出時に自動的に付加される情報と本

書では考えている。文末を高く表現し，疑問の意味を表わすのは階層6である。階層7は本書の中心的話題の一つであり，第3章以降に順次説明していく。

後述する手話（視覚言語）も対話言語であるので，本モデルで同様の手続きとして共通に矛盾なく記述できれば，対話のことばのモデルとしての妥当性は高まる。例えば，形容詞的あるいは副詞的概念がほとんど語彙化されていない日本手話では，言語的情報の階層5ではなく階層6の表情や身体動作で表わされる。また第4章第6節第2項の手話の例の「首動作」が言語的情報を表わしていると思われる場合も階層6と考えられよう。

以上は，各時点でどのような情報が伝わるか（伝達内容情報）に注目しているが，実時間対話では，その伝達が実時間で実現されることが保証されなければならない。本モデルでは，上記の言語的情報の補完の機能（伝達内容情報）のほかに重要な機能を想定している。すなわち，伝達内容情報の文構造情報と，実時間伝達支援情報である。前者は認知処理における処理範囲を限定する機能（階層6）であり，後者は認知において予測を可能にする予告情報（階層7）であり，階層6と7が本書で焦点を当てている部分である。具体的内容は第3章以下に記述する。

なお，対話は相手とのダイナミックな関係であり，状況の変化に対応する必要がある。それに応じて，発話をしていても，聞いている途中であっても，階層2の態度が変化し，3層以上の内容もそれに従い動的に変化するものと考えられるが，残念ながら本書の段階では未だ具体的検討は行っていない。

実会話にこの階層モデルによるタグ付けを行い，対話の流れが破綻なく記述できるかが，今後の大きな課題である。説明できない現象が観察されれば，モデルを見直すというような手続きの繰り返しが必要になる。

6 実時間対話と合意形成

　対話を行うことの大きな目的の一つは合意形成（不合意の確認などを含めて）であろう（片桐 10）。対話を通して相手のモデルを自己の中に形成し（相手を理解する），対話を通してそれと自分との差を縮めていくというような構造が考えられよう（図1－2）。音声などの言語メディアによって，日本語などの言語ツールを用い意味表現を行い，それとプロソディ上の発話者の個人性や感情，体調などの情報が束となって表出され，文脈などと相まって発話者の意図を伝えようとする。そのやり取りを通して相手に関する理解が進んでいると感じ，合意が形成されてゆくと参与者はそれぞれに思っている。言い換えれば，片桐 10 のモデル（参与者間に共通の合意構造を想定）とは異なり，ここでのモデルでは，参与者がそれぞれ合意が形成されたと主観的に思っているものとしている。この形式により誤解など

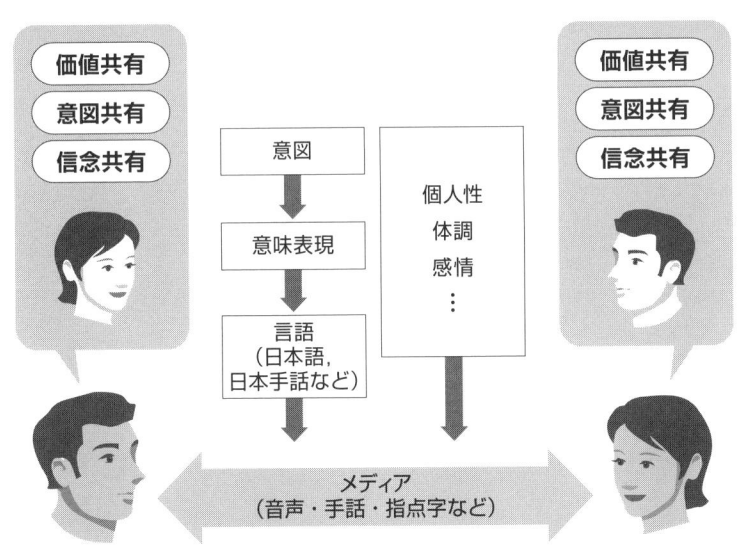

図1－2　対話を通した合意形成の構造

も説明できよう．

7 人類の言語獲得と音声

人類がいつ，どのように言語を獲得し，進化させたかについては，色々な学説がある．約600万年前に霊長類が現れ，初期の人類ホモ・エレクツスなどが現れたのは約150万年前，ネアンデンタール人が約50万年前，そして現代人類のホモ・サピエンスは約15万年前に現れたらしい．その間，直立歩行から両手が自由になり脳が発達することにより，両手を使ったジェスチュア言語や統語機能が先行したが，音声言語は，喉頭の発達と，呼吸とは別の発声のためのコントロール機能が可能となったホモ・サピエンスになってからではないかという説がある．

我々が無意識に気楽に用いている音声を発声することは，実は極めて精巧な制御技術が必要である．舌の形を決める多数の筋肉と顎などの骨で構成される口の形状（「声道」）や，「声帯」を構成する筋肉，発音のための呼吸などをおそらくミリ秒の精度で同期して制御する必要がある．脳からの制御指令が出てからそれぞれの筋肉や骨が反応するまでの遅れは，その生理的制約（動きやすさなど）の違いから様々であり，それらを精巧に同期させる機能が不可欠である．おそらく，関係器官の制御を同期させるネットワークのようなものが脳内に形成されているのであろう．その獲得には，短く見積もっても15万年をかけた，それなりの進化が必要であったと思われる．

個々人にとっても，それぞれの母語に対して乳幼児から学習していくことになるが，人類が獲得した進化の成果が，その短期間の獲得の支えになっていると考えられる．

音声知覚・認知のメカニズムと発声のメカニズムの関係や言語学習に関する知見は，未だ未知の部分が多いが，対話音声の実時間性を考察してい

く上で，上記のような音声発声制御の視点も欠かすことはできないであろう。

これらの点は，文字が現れてわずか5000年程度である書き言葉とは，本質的に異なっている。

8 実時間言語
――聴覚言語（音声），視覚言語（手話），触覚言語（指点字）

視覚言語である手話は聴覚言語である音声と同様に対話型自然言語である。指点字は，音声言語を点字のコードを用いて指で，主に相手の指を点字タイプライタのキーと見なして打って伝える触覚言語である（市川01b）。

いずれも表出と同時に消えていく揮発性の性質を持つにもかかわらず，音声と同様に熟練した人は実時間で認知し理解することができる言語である。実時間で知覚・認知し，理解し，円滑に対話ができるためには，共通の何らかの仕掛けが存在するという蓋然性が高いといえよう。本書では，それが音声におけるプロソディ，あるいはそれと同等の機能・性能を持つ仕掛けにあるとの仮説を立て，検討を進める。

第2章
対話研究の概要

　対話の研究に関しては，これまでにも様々なものがあるが，その中心は言語的情報を手がかりにしたものである（石崎 01）。その意味では本書の関心の中心である課題（物理量を中心とする対話の実時間的側面）とは異なるが，本章では本書の内容と隣接関係にある関連の深い幾つかの項目について触れておくこととする。

1　対話分析と分析単位

1　談話分析，会話分析

　認知言語学や社会言語学の分野では，談話や会話の分析とそのモデルが色々提案されてきている。非常に参考になる点が多いが，信号分析などの理工系の技術を必ずしも用いていないため，真の実時間性の現象を捉え，説明できるものとは必ずしもなっていないように思われる。

　本書に関係の深い内容としては，例えば話者交替に関しては，隣接ペア（Schgloff 79）や話者交替規則（Sachs 74）などが挙げられよう。

　話者交替規則は，隣接ペアの第 1 部分 X から第 2 部分 Y にかけて話者

が交替するときの規則である．2つの下位部門と規則の集合により体系化されている．

ターン構成部門

話者交替の基本単位であるターン[1]の構成に関わる部門で，ターン構成単位の終了地点は移行適格場（TRP：Transition Relevant Place）と呼ばれる．TRPの位置を予期・予測するリソースとしては，統語論的リソース，イントネーション的リソース，語用論的リソースが考えられるとされ，それらの複数のリソースが関係するTRPは複合移行適格場（CTRP：Complex Transition Relevant Place）と呼ばれる．話者交替規則はTRPで適用される．TRPやCTRPは予期・予測可能とされているが，どのようにして予期・予測可能なのかは必ずしも明確にされていない．特に前提となる各リソースの処理の実時間性に関しては触れられていない．

ターン配分部門

対話の参与者へのターンの割り当ては，現在の話者が次の話者を選択する場合（質問したり，視線を向けるなど）と，次の話者が自分自身を選択する（他の人よりも早く話し出す）という場合があるとする．

ターン交替規則

ターンの割り当ては以下の規則に支配される．

1. 現在の話者CのターンTについて，最初のTRPxで以下を適用する．

    (a) Cが次の話者としてNを選ぶようにTを構成していたならば，Nは次に発話する権利を得，xにおいて移行が生じる．

    (b) Cが1.(a)を使わないならば，C以外の誰でも次の話者として名乗りをあげることができる．最初に発言した人が権利を得，xに

1　ターン：発言権とも訳され，話者交替が起こるまで1人の発話者が連続して発話した区間を指し，1つ以上のターン構成単位からなる．この定義では，ターンは話者交替を手がかりに認定することになる．なお「あいづち」などはターンとは見なさない（第3章第6節参照）．

おいて移行が生じる。
  (c) C が 1. (a) を使わず,かつ誰も 1. (b) を使わなかったならば,C は発言を続けることができる。
2. x において 1. (a) も 1. (b) も適応されず 1. (c) によって C が発言を続けたいならば,T 中の次の x' として 1 を繰り返す。これを話者の移行が実行されるまで繰り返す。

2　対話分析の単位

対話の分析には分析単位が必要である(坊農 10)。例えば,音声言語の視点からの分析(発話を構成する言語の階層的構造の単位やイントネーション関係),会話・対話・談話研究のための分析(話者交替など),ジェスチュアの分析,そしてインタラクションの構造分析(参与者の空間的位置関係など)などである。さらに,各分析単位間のマルチモーダルな関係をどう捉えるかも重要な課題である。

以下に坊農 10 に記載されている様々な分析単位の例を挙げる。その中には対話である以上,身体動作以外にも,前述した言語レベルやプロソディレベルの単位も当然含まれる。

なお,これらの各単位の認定や解釈は,事後的に観察できる情報によっているが,実時間による円滑な対話の進行という視点からは,信号レベルによる予告という概念が必要である。

A　言語レベル,プロソディレベル

節単位(CU:Clause Unit)

1つ以上の「節」を含む発話部分で,統語的・意味的にまとまりのある発話単位として,CSJ[2]で提案されているものである。自然な話し言葉では,

---

[2] CSJ:国立国語研究所等のプロジェクトで開発した日本語話し言葉コーパス。

ポーズなどの物理的に定義された「間休止単位」(IPU：Inter Pausal Unit)では係り受けなどとの関係が必ずしも対応を付けられないため，提案されたものである。

しかし，実際の対話ではIPUが何故出現するのか，その視点も明らかにしなければ，対話の活き活きした側面の把握が欠落する危険性がある。実時間対話研究の一つの課題だろう。

イントネーション単位（IU：Intonation Unit）

音声ではイントネーションが重要な機能を持っており，息継ぎ現象と深い関連性を持っている。話者はどこかで息継ぎをしながら話を進めなければならない。しかし，息継ぎはランダムに起こるのではなく，言語の裏に潜む思考過程に支配された何らかの規則に則って起こるものであるという仮定に基づいてIUが提案された。

したがって，息継ぎのような音声現象の物理的側面からの見方と，思考過程からの見方から，検討がされている。

思考過程からの視点としては，実質的IU（文法的単位と基本的にマッチするもの），談話機能的IU（話の内容とは直接的に関係しない談話レベルのもの），断片的IU（IU産出中に何らかの理由で文法的IUが構成されなかったもの）がチェイフにより提案されている。

さらに談話機能的IUは，談話構成機能，インタラクション機能，認知作用機能，評価機能の4種類の分類が提案されている。

しかし，指点字のように，基本的に音声言語と密接な関係を持つメディアはともかく，手話では息継ぎとの関連を基本に置くことには，何らかの合理的説明が必要である。したがって基本は思考過程に置き，それが音声では息継ぎにどのように反映されるか，という方向で検討すべきであろう。

ターン構成単位（TCU：Turn Construction Unit）

ターンを構成する単位で，1つ以上の構成単位からターンは構成される。

ターン交替規則のところで述べたターン交替規則の1.(c)により同一

発話者が継続して発話した場合もそこで交替が生じた可能性があり，そこでターン構成単位に分割されるべきである．何を手がかりに分割したらよいかについては，色々な方法論が検討されているようであるが，これまでの手法では難しい．本書で提案しているプロソディの持つ予告情報による方法などが期待されよう．プロソディの持つ予告情報と言語的情報の持つTRPの組み合わせで判定できる可能性がある．なお類似の考え方として，Ford 96 は統語的・韻律的・語用論的完結可能点からなる CTRP を提案しているが，そこには本書で提案するプロソディの物理レベルにおける予告情報というような視点はない．

隣接ペア（adjacency pair）

隣接ペアは「質問―返答」や「誘い―受諾」などの最も基本的な相互行為を達成する発話対のことであり，以下のような発話 X，Y の連続である．

 i X と Y は隣接した位置にある．
 ii X と Y は異なる話者が産出する．
 iii 第 1 部分 X は第 2 部分 Y に先行する．
 iv X は決まった型の Y を要求する．

談話セグメント（discourse segment）

談話中の「まとまり」とされるが，何をもって「まとまり」と見なすのか，また一般に「入れ子構造」となっていることが多く，具体的にどのように認定するのか，認定ルールの作成など様々な試みがなされているが，決定打は見当たらない．

認定ルールを仮定し，それに従って複数の人が認定作業を行っても相当のばらつきが見られる．一致率を上げるようにルールを修正していくとあまり参考にならない大まかな分類になってしまう．そこで各記述者が「まとまり」の範囲や階層構造を判定し，それぞれの「まとまり」に意味内容や機能を象徴する TOPIC 名称を付与するなどしている場合が多い（荒木 97；人工知能学会 WG 00）．

B 身体動作レベル

身体動作も対話の中で音声のプロソディのような機能を持つ重要な構成要素である（第7章参照）。

ジェスチュア単位（gu：gesture unit）

ケンドンが提案したもので，時間軸に沿って休止位置から始まり休止位置で終わる，幾つかの停止点もしくは方向転換点によって区切られた一連のジェスチュアフェーズからなるものである。身体部位や形，動きの軌跡の内容にはよらない（Kendon 04）。

内部構造として，身体部位の手や頭部，胴部，足などのジェスチュアを，準備P（ホームポジションからの動作の開始），ストロークS，ホールドH，復帰R（ホームポジションへの戻り）と想定し，PからRまでをジェスチュア単位とし，その中を1つ以上のジェスチュア句（gp：gesture phrase）から構成されているとする。

視線は別途方向性を基に記述することが提案されている。

対話の分析では，音声情報などとの時間関係がどのようであるかを記述し，対話におけるジェスチュアの機能を検討することが行われる。例えば，話者交替における視線の機能などが見出されている。

ジェスチュア分析のためのツールも幾つも開発されており（Anvil，ELANなど），手話の分析などにも利用されている（ELAN 10）。

キャッチメント（catchment）

guのような動作ユニットが，対話中に複数の談話セグメントや話者交替を超えて反復して繰り返される身体動作をキャッチメントと呼ぶ。手話単語のようにろう者のコミュニティで流通する語彙化された動作ではなく，その対話の場で一時的に使われるものであるが，その対話の中では一貫性があり，あたかも語彙のように機能する（坊農 10）。

C　役割・空間的位置関係

参与構造（participation structure）

ゴフマンが多様な聞き手の存在を指摘し，これを，会話への参与を承認された者としての受け手，傍参与者，及び参与を承認されていない者としての立ち聞き者と盗み聞き者（参与者に気付かれていない者）のように役割を整理したものである（Goffman 81）。

話者交替における次話者は多くの場合受け手がなるが，話者交替のきっかけとなる情報は呼びかけなどの言語的手段や視線，あるいは割り込みなど様々にあり，その結果により次話者も様々である。対話の進展により各自の役割は変動する。各自の役割が，どのような情報をきっかけとして変化していくかを明らかにすることも，様々な応用システムを開発する上で重要である。

F 陣形（F-formation）

会話の参与者は会話に参与するための操作領域を共有空間として持つ（「O 空間」）。参与者は「O 空間」の周りに位置することになる（「P 空間」）。その外側を「R 空間」と呼ぶ。外部から会話に参加するためには，「R 空間」に位置し，既存の参与者から参与を許されると「P 空間」に入り，「O 空間」を共有して会話に参加することができる。会話から離脱する場合は逆に「P 空間」から「R 空間」に移動することになる。このような構造の概念を「F 陣形」と呼び，ケンドンが提案したものである（坊農 10）。

2　言語行為論

本書の関心の中心は対話の信号面にあり，以下の内容には直接関与しない。しかし，言語の意味内容の伝達があって対話が実際に成立するのであるから，参考までに簡単に紹介しておくことにする。詳しくは石崎 01 を参照されたい。

発話Tの内容に関しては，オースチンとサールの言語行為論などによる研究がある。オースチンとサールの言語行為論では，言語行為を，発語行為，発語内行為，発語媒介行為の3種類の行為を遂行しているとしている。

発語行為は言語音の発声などの物理的行為を指し，さらに音声（手話なども）の側面を，音声行為（手話行為など），文法的側面を用語行為，意味的側面を意味行為に下位分類している。

発語内行為は，宣言や陳述などの形からの行為を指す。判定宣言型，権限行使型，行為拘束型，態度表明型，言明解説型などの分類が提案されている。

それらの行為の慣習的効力を「発語内の力」と呼んでいる。また，ある発語内行為をすることで間接的に別の発語内行為を遂行するものを「間接的発語行為」と呼ぶ。

発語媒介行為は，発語の解釈により結果的に引き起こされる行為を指す。例えば「雨が降っている」という発話から「ハイキングに行くのをやめる」というような行為である。

言語行為が成功するための適切性条件もオースチンにより提案されている。

A.1 手続き存在条件
　一般に受け入れられた慣習的な手続きが存在しなければならない。

A.2 適当状況条件
　その手続きは，参与者・状況に対して適切でなければならない。

B.1 正常実行条件
　その手続きは，全ての参与者によって正しく実行されなければならない。

B.2 完全実行条件
　その手続きは，全ての参与者によって完全に実行されなければなら

ない。
Γ.1　態度随伴条件

その手続きを実行する参与者は，自らそのように行動する意図を持っていなければならない。

Γ.2　履行条件

その参与者は，引き続き実際にそのように行動しなければならない。

オースチンの言語行為論について，サールはさらに見直しを行っている。石崎 01 を参照されたい。

グライスは，言外の情報が伝わるために「協調の原理」を提案している。

1. 質の格率

真なる発言を行うようにしなさい。
・偽だと思うようなことを言ってはならない。
・十分な証拠のないことを言ってはならない。

2. 量の格率

・(隣接ペアの関係内における) 要求に見合うだけの情報を与えるような発言をしなさい。
・要求されている以上の情報を与えるような発語を行ってはならない。

3. 関係の格率

関連性のあることを言いなさい。

4. 様態の格率

わかりやすい言い方をしなさい。
・曖昧な言い方をしてはならない。
・多義的な言い方をしてはならない。
・簡潔な言い方をしなさい。
・整然とした言い方をしなさい。

また，対話を共同活動と捉え，M. E. ブラットマンは，言語行為の基盤として，共同活動は次のような性質を持つとしている。
- 相互反応性：相手の意図・行為を勘案し，相互にそうしていることを知っている
- 共同作業への責務：主体はそれぞれ責務を負う
- 相互援助への責務：相手が担当すべき行為を上手く実行できないとき，自分の能力の範囲で相手を助ける

3 予測文法と投射

1 寺村らの試み

日本語の述語が最後に来るからといって，文を読んだり聞いたりする際に，その文が完結するのを待って全体の意味の分析をすることはないだろうという疑問から，寺村秀夫は実際に予測に関する調査を行っている（寺村 87）。

寺村は，夏目漱石の「こころ」の中から1文を選び，学生にその文の途中まで示して文の終わりを予測させ，文の終わりを書かせた。文が少しずつ成立していく中で，予測の内容は動的に変化するが，かなりの率で的中することを示した。このことから寺村は文の早い段階から終わりを予測できると結論付けている。

ザトラウスキーは寺村の手法を参考に，共同発話の現象の説明を試みた（ザトラウスキー 09）。

文頭に来る統語単位としての陳述副詞や時の修飾語などの成分が文末と強い呼応関係を持ち，述部を予測しやすいことや，名詞の性質とそれに続く格などによって述語が予測しやすいことなどを指摘し，日本語でも結束性の高い統語的構造が予測され，作られると述べている。

しかし，これらの検討は必ずしも予測可能なことを文法理論として説明

しているのではなく，予測された事例や共同発話が多く生じている例を解析し，解釈として説明しているように思われる。

2　投射

英語のような語順によって格構造が主に決定される言語では，文の統語的完了を示す発話末要素の開始部分（「完結可能点」）は文頭に比較的近い位置から予測（投射 projection と呼ばれている）され，話者交替を円滑に可能にしているという考え方である（Sachs 74）。

これに対し，格構造が語順によって決定されない日本語などでは，投射には統語情報を用いることは困難であり，色々な試みが検討されている。日本語では発話末に「発話末要素」（「ください」など）があり，「発話末要素」の開始点を「前完結可能点」と考え，「発話末要素」の終了部分を「完結可能点」とする提案がなされている（榎本 03）。

「前完結可能点」から以降を話者交替が可能な領域（TRP：移行適格場）と考え，移行発話の開始時点を色々に変えた対話データを作成し，話者交替の妨害の程度を認知実験により評価させた（榎本 03）。結果は「前完結可能点」から 70 〜 80 ミリ秒遅れると妨害とは感じられないことが示されている。これはおおむね音韻認識に必要とされている時間と考えられている。しかし，この前提としては TRP の位置の予測が必要になるが，その予測メカニズムは説明されていない。

3　予測文法

高梨は寺村らの「予測」の考え方と会話分析における「投射」の概念の検討を通して，漸進的文予測のメカニズムの解明を試みている（高梨 07）。

高梨は，文中のある時点において先行するある要素の係り先が決まっていないという事実が動態的な予測の源泉であると考え，「係り受け未定文節数」という観点を導入している。「係り受け未定文節数」は，「ある文節

の直後の予測時点において幾つの文節の係り先が未だ生起していないか」を表す数値として定義されている．文節が進むにつれて，係り先が解消されて数値が減ったり，決まらない係り先が生じて増加したりする．係り先が全て解消すれば節単位末になる．

「日本語話し言葉コーパス」(CSJ) から 100 文節を取り出し，5 名の被験者に文節をインクリメントして示し，予測を行わせる実験をしている．「係り受け未定文節数」の分類と予測のしやすさが大まかに対応していることなどを示した．また係り受け数が多いほど予測は容易であることや，これに係る複数の文節の組み合わせからインクリメントに予測が形成されること，複数の格要素の共同関係が重要なこと，談話文脈などの影響も受けることなどを示している．

4　漸進的発話末予測モデル

小磯，伝は対話参与者のリアルタイム行動を可能にするモデルとして，音響的・韻律的・統語的特徴に注目し，複数の分析単位を定義し，この分析を通してターンの完結可能点を漸進的に予測するモデルの構築を試みている（小磯 10）．

ターン構成単位（TCU）を近似する単位「長い発話単位」（LUU）を構成する 3 つの下位単位「短い発話単位」（SUU），「アクセント句」（AP），「単語」（W）と，これらのそれぞれに対し，重複発話に関連する特徴が出現する可能性が高い位置「最近隣単位境界」（MRUB：Most Recent Unit Boundary）という概念を導入している（各々 MRBU (S)，MRBU (A)，MRBU (W) と表記）．

これら 3 つの単位の組み合わせとして，4 つのパターンに分類し，SUU，AP，W の各々に対し，6 つの特徴量，Ｆ０平均値，Ｆ０最小値，Ｆ０最大値，パワー平均値，パワー最大値，平均モーラ長に関して，話者による誤差変動を考慮した線形混合効果モデルを用いて，マルコフ連鎖モンテカ

ルロ法（MCMC）により分析している。

その結果，4つのパターンに対し，重複発話の生じる直前の状態として，それぞれ6つの特徴や単語や品詞などの出現順序に特徴があることを見出し，それぞれに漸進的な発話末の予測の流れがあるとしている。

4 言語レベルのモデルは対話の実時間性を説明できるか

日本語の対話を観察すると，半数近くの対話では話し手が話し終わらないうちに聞き手は話し始めている（重複発話）。これが可能となるためには，聞き終わらないうちに言語処理が終わり，予測が行われていなければならないだろう。

前節に大まかに紹介したように，書き言葉の構造を見ると，情報量としては文の解析や投射に必要なものが備わっていることは言えるであろう。また韻律にも重要な情報が存在していることを示唆している。

また，対話で相手の言葉を理解する時，様々な知識を活用していることは疑いがない。常識や使用している言語の知識，今話している話題に関連した知識，展開してきた対話の流れ（文脈），そしてそれらの知識により限定され「予期」された世界の下で，まさに今聞いている言葉の理解処理を進めていることになろう。

しかし，言語レベルのみで対話音声から言語的情報を取り出し予測することは可能であろうか。例えば言語分析（かなりの処理時間を要すると推定される）なしに各種の発話単位（SUUなど）の予測処理が可能だろうか。

また，韻律が重要であるということが示唆されているが，これらの分析では各発話単位の終了後に定まる値（平均値や最大値など）を用いており，実時間性あるいは予測処理を可能とする特徴量としては必ずしも整合性が取れてはいない。

もちろん，これらの試みは課題を解決するための手がかりを得る中間段

階のものとして極めて重要な研究であることは明らかである。

　ここで図1-1において，1つの発話に注目すると，受け手における処理は図2-1のような流れが想定されよう。

　音声を例にとると，音声は聴覚などの知覚器官で知覚され，音韻を認識し，その組み合わせにより脳内の言語辞書から語彙を検索して語彙を決め，その組み合わせから構文解析を行い文の構造を求め，その文の構造から文の意味を認識する。それまでの対話の流れから得られる文脈やプロソディからの各種情報を組み合わせて発話者の意図を推論する。そしてその結果により応答を行う。また得られた情報を利用して相手に関するモデルの精緻化を行い，合意形成などが図られる。

　ここで，例えば話者交替などにおける実際の対話を観測すると，これだけの複雑で何段階も要する知覚から応答までの処理が，わずか80～100ミリ秒程度で実現されている。いかにしてこのようなことが可能なのかというのが本書の問題意識である。

　話し言葉の実体は，「言い指し」や「言い直し」など，書き言葉とは非常に異なる。さらには，連続音声から音韻や音節を認識し，単語または形態素を切り出し，何万もの語から構成される心的辞書を引いて語彙とその文法的機能を求め，文構造を解析し，「投射」や「係り受け未定文節数」を推定することをしなければならない。おそらく100ミリ秒以下で実行することは不可能のように思われる。音韻認識のみでも80～100ミリ秒が必要である。

　また，「移行適格場」などが投射により定まるのか，予測文法のような規則により定まるのかの保証も必ずしもないだろう。予測処理に言語レベルの情報を活用しているとしても，言語レベルにおける何らかのリアルタイム処理可能な支援情報が存在しなければ，それは実行不可能ではないかと考えられる。対話言語における言語的情報が音声という物理的実体の上で実現されていることを考えるならば，言語レベルで「投射」を検討する

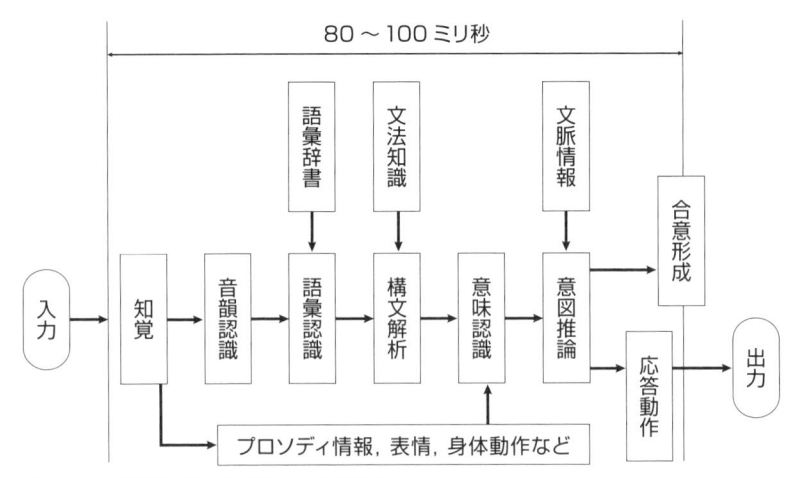

図2−1　対話言語の受け手の処理の流れ

と同様に，物理レベルにも同様の機能が存在していると考えるのは，極めて自然な発想であろう。おそらくはプロソディや身体動作（視線など）に予告情報が存在し，それらと文脈や言語的情報がマルチモーダルに機能しているのではないかと思われる。

　本書では，それらの中から，実時間支援処理の役割の一端をプロソディ情報や身体性情報が担っていると仮定し，検討を進める。

　なお，感動詞類は非言語的音声の側面も持ち，心的モニタ機構として発話の心的状態が表出されており，適当なイントネーションと組み合わされることにより後続の発話をある程度予告する情報を持つ可能性があると指摘した研究がある（田窪 10）。対話状況の変化などから本書の主題である「予告」された状態やそれによる「予測」状態を臨機応変に変更する機能などを持つ可能性がある。今後の研究の発展を期待したい。

4　言語レベルのモデルは対話の実時間性を説明できるか　　35

第3章
実時間音声対話を支えるもの

　疑問形や肯定か否定かの違いは文末に現れるにもかかわらず，日本語の会話では，話し終わらないうちに，返事をしたり，話し始めたりすることが非常に多い（半分近い発話が重なっている）。言語的情報のみでは，このような対応を可能とする処理は困難だと考えられる。

　ここでは対話音声の実時間性について，上記のような実際に観察される事実を説明できるであろうモデルを，プロソディ情報，特に基本周波数 $f0$ 情報を有力な候補として取り上げ，検討する。

1　対話音声の収録

　お互いの声が混ざらないように別の部屋で相手の顔をテレビ画面で対面しながら対話ができる部屋を千葉大学工学部に設備し，収録した（図3－1）。部屋の音響環境（遮音特性，残響時間）は放送局のスタジオと同等であり，遮音特性は40dB（D40以上），暗騒音特性NC20以下，残響特性0.18秒程度である。

　ハーフミラーを通して顔をビデオカメラで撮影し，相手の部屋のテレビ

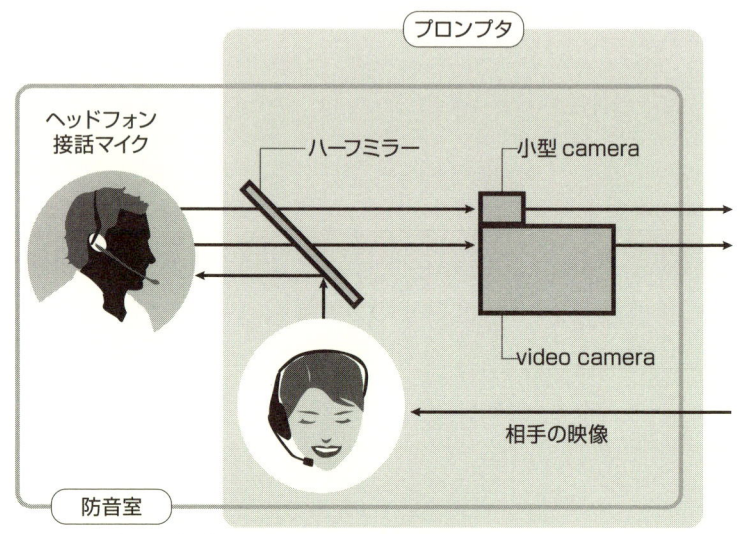

図3−1 収録設備（対面部分に同様の設備がある）

画面にその顔をハーフミラーで反射して映し出し，お互いの視線が合う状況を実現（プロンプタ），体面対話を収録した。

地図課題コーパス

エジンバラ大学で始められた自然対話形式のコーパスである。仮想の地図を使ってゲーム感覚で自然な対話を収録することができている（図3−2）（堀内 99）。ヘッドフォンを用いており，相手の音声はヘッドフォンから，自分の音声は接話マイクを用いており，音声を分離している。

男女各16組32名計32組64名，うち半数が相互に初対面の組であり，条件ごとに4つの組み合わせで各自4回対話を行い，128対話を収録した。

対立意見対話

表情や身体動作などを観察する対話では，事前に意見の異なる話題を設定し（「神を信じるか」「再度生まれてくるとしたら男がよいか，女がよいか」など），そのテーマに関して自由に対話してもらった（図3−3）（庵原 04）。

図3-2 対話風景事例（MAPタスク）
（注） 地図の利用状態がわかるように横から撮影・表示している。

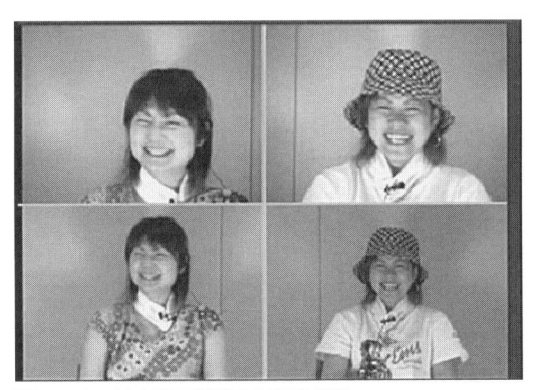

図3-3 対立意見対話の収録映像例
（注） 顔の表情の映像と上半身の動作を同期して観測でき，表情が隠れないように卓上マイクを使用。
（出所） 庵原 04。

　プロンプタのカメラとしては，表情を大きく撮るカメラと上半身の状態を撮るカメラを並置し，顔の表情や「うなずき」などを解析しやすくした。顔の動作などに対する制約を少なくするために，接話マイクは用いず，卓上のマイクとしている。相手の音声はイヤホンを用いており，相互の音声が混入することはない。また視線や表情が察しやすいように，顔の部分に

1　対話音声の収録

影ができないようにプロンプタの左右から照明した。

男女各3組計6組各4回計24対話を収録，各対話は5分程度で打ち切っている。

2 対話音声の実体

図3-4は得られた対話音声の書き起こしの例である（堀内 99）。

上段と下段（斜体）が2人の音声をそれぞれ書き起こしたもので，対話の流れはブロック体文字の部分だけでよいが，そのほかに文字で表されているような多数の発話が存在する。2人の発話が重なっている部分も多数見られる。書き言葉とは非常に異なるが，円滑で自然な対話はこのように流れている。

3 予告と予測

プロソディを含む音声の持つ情報として，従来下記のような分類がなされてきた（Fujisaki 04）。
・言語的情報
・周辺（パラ）言語的情報
・非言語的情報

この分類は，発声された音声から最終的に得られる静態論的情報（伝達内容情報）といえよう。

本書では，伝達内容情報の知覚理解過程を支援する情報（実時間伝達支援情報）も同時に存在し，伝達される情報の円滑な取得を可能にしていると仮定している。動態論的視点に立って対話を考えてみようという立場である。

話し手の発声と並行してその音声は聞き手により聴取され，理解が進行

A　　　　　　　　　　　　　　　　アー、真下でよろしいですか
B　　ア、ちょっと左に行って下に　　　　　　　　　　　　　　行って　　　　　ちょっと左に行って下

A　下に、行っ　エーッと、出発点の直ぐ下にオートキャンプ場　　はい　　避けるように、
B　　　　　　　　　　　　　　　　　　　　　ートキャンプ場　　　　　　　　　　　それを避ける

A　はい　ひ、左側に沿って、はい　　　　　　　　　　　　　　　でー、エット、ど、どん
B　　　　　　　　　　　　　　　　　　はい、はい、下に、　はい、行きました

A　どんどん下に行ってください　でー、大体下から大体約センチくらいのところで　うせ、
B　　　　　　　　　　　　はい　　　　　　　　　　　　　　　　　　　　　　　　はい

A　　　　　　　　　　　　　エット、右に曲がってください　それで、……
B　　　　　　　　　　　　　　　　　　　　　　　　　　　ア、はい

図3−4　話者A・Bの対話例（地図課題の例）
（出所）堀内 99。

2　対話音声の実体　　41

し，反応が現れ，またその反応に応じて発声が影響されるという，ダイナミックな制御を行う情報が存在すると考える。そこでは「真の意味での実時間性」が不可欠であろう。話者交替の制御などの対話制御なども含む情報である。本書では以下のように分類することを提案する。

A．伝達内容情報（伝えられた内容）
　　言語関連情報　語彙的情報（従来の言語的情報にほぼ対応）
　　　　　　　　　文構造情報（従来の周辺言語的情報にほぼ対応）
　　発話者情報（従来の非言語的情報にほぼ対応）
B．実時間伝達支援情報（対話の実時間処理支援，本書による新規提案情報）
　　伝達内容構造予告情報
　　話者交替予告（対話進行支援）情報

すなわち，この実時間伝達支援情報（B）には様々なレベルの「予告情報[1]」が含まれ，聞き手の知覚や理解の負担を軽減するだけでなく，「真の実時間性を可能とする」本質的に重要な役割を果たしていると考える。

単に知覚・認知における処理量を低減するだけであっても，最後まで聞くことが必要であれば，聞き終わった後で内容の理解処理を行うことになり，次の発話の知覚・認知処理や応答処理を同時に行うこと（競合）が求められることになる。逆に，「予告情報」を活用することにより，最後まで聞かなくても「予測」が可能となり，応答のための処理などを並行して

---

[1] 予告と投射：物理量が連続的信号であり，言語レベルが離散的記号であることと区別して，本書では言語レベルの用語である「投射」に対し，「予告」という用語を用いることとする。「投射」が後続の特定の語彙などに作用するのに対し，物理量からの「予告」は発話を通して，連続的に予告情報を発信し作用している可能性が高い。

実現する余裕が生まれることが期待される。図3－4に見られるような，話者交替などに代表される様々な発話の重複現象も可能となる。

したがって，この情報Ｂの解明と活用が極めて重要である。また，心的辞書への高速なアクセス構造やコンテンツ構造の配慮も重要である。

このような視点から，音声のような実時間型の対話言語には，仮説として，対話参加者が予測可能な階層的予告機能が存在するものと考える。例えば，

  a．話者交替の予告機能
  b．文及び文章構造の予告機能
  c．語彙／アクセント句分節位置予告機能
  d．後続音韻の予告機能

などである。

a～cはプロソディが重要な役割を果たしているであろう。またdは調音結合などが，その役割を担っているのではないかと思われる（市川 07）。

4 文構造情報とプロソディ

1 ガーデンパス文と音声

公園の中の道には行き止まりがあり，一度戻って別の道を進まなければならないものがある。この道のように，文を読んでいくと，通常なら文が終わると思われる先に未だ文が続いており，文頭に戻って解釈をしなおして読まないと文末にたどり着けないような文を，公園の道で比喩して「ガーデンパス文」と呼ぶ（馬塚 92）。しかしこのような文章でも音声で聞くと，ほとんどの場合一度で内容を理解することができる（市川 94a）。

馬塚が試作した日本語のガーデンパス文を文字で一度だけ示した場合と音声を一度だけ聞かせた場合の理解率を実験した。

> 1. 老人が公園で子供を呼んだ救急車に乗せた。
> 2. ヤクザの幹部が若い子分を探し出した拳銃で撃ち殺した。
> 3. 8月になってから山下が友人を訪問した会社で見かけた。
> 4. 金曜日の夕方古橋が由美子を呼び出した喫茶店に長いこと待たせた。
> 5. 向こう側をおすとめすのニホンザルの写真が出ます。
> 6. 舞台の上から紙吹雪をまくがゆっくりあがると同時に降らせた。
> 7. 洋子が母親ににている魚の味を見てくれるように頼んだ。
> 8. 銀行の頭取についたばかりの速達を渡した。
> 9. 昨日先生が奥さんに送った酒を嬉しそうに飲んだ裕一をなぐった。

結果を図3－5に示す。文字提示ではセグメンテーションや単語の意味把握に有利な「漢字かな混じり文」であるにもかかわらず，13.9％の理解率であるのに対し，音声聴取では66.7％であった。この違いは，書き言葉にはないプロソディ情報が音声には存在することによるものと考えられる。

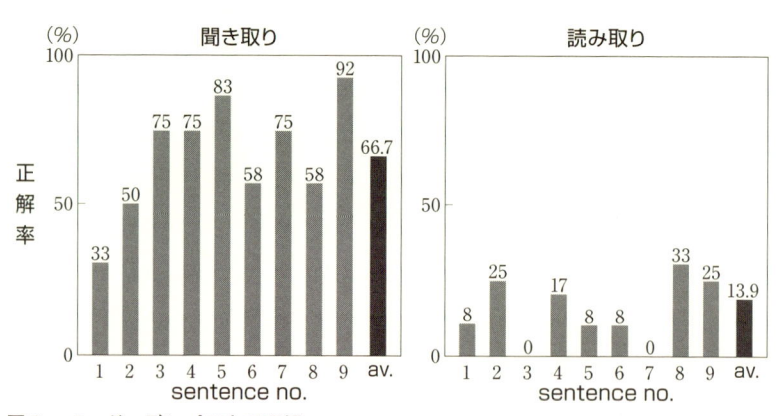

図3－5 ガーデンパス文の理解
（出所）　市川 94a。

2　プロソディと文理解

　音声の「スペクトル」情報と「プロソディ」情報の各々を分離し，「プロソディ情報」の欠落した音声を合成することができる。北原らは，「プロソディ」情報が欠けた音声を聞いて，どの程度内容を聞き取ることができるかを調べた（北原 87a；北原 87b）。

　ほとんどの人が読んだことのない新刊のエッセイ集から，音声で約2分半程度となるものを取り上げ，「プロソディ」情報の組み合わせが様々に欠落した音声を聞かせ，後から内容について20問の質問を行い，正解率を調べた。数字を転記しながら聞く条件（二重課題法）に設定し，実験を行った（図3－6）。

　プロソディの要素（声の高さ，強さ，ポーズなど）を落とすに従って，理解率が落ちていく。プロソディがあると正解率が約85％であるのに対し，プロソディを取り去ると約50％に落ちた。プロソディ情報があることに

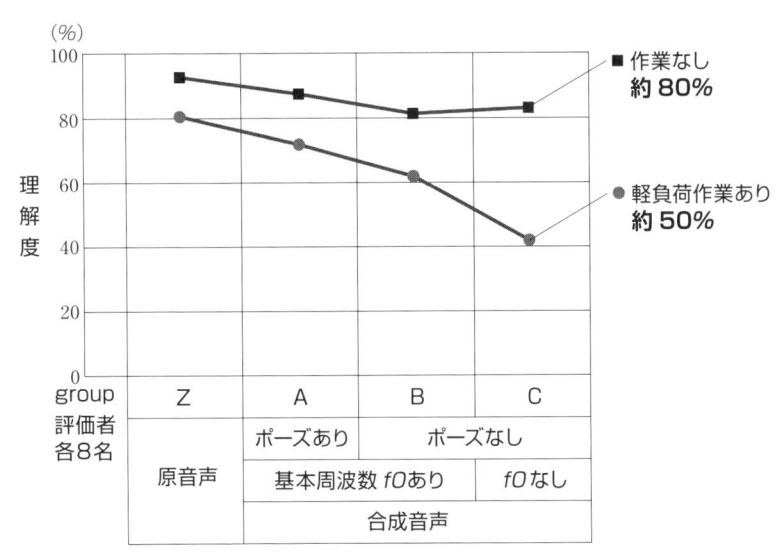

図3－6　音声のプロソディの効果
（出所）　北原 87b。

よって聞きやすくなることを示している。

3 プロソディによる文構造抽出

　音声の合成にはイントネーションやアクセントなどの情報が不可欠であることは当初から意識されており，これらの情報を付与するモデルや言語的情報から生成する規則の研究開発は古くから行われてきた。しかしそれらの情報を聞き手はどのように利用しているかは必ずしも明らかにはなっていなかった。

　そこで，実時間で揮発性の音声を認識理解するのに，負担の大きい複雑な処理は行ってはいないのではないか，日本語音声ではピッチが重要な役割を果たしているように考えられているので，その物理量である基本周波数 $f0$ からの情報を簡単なモデルで近似して何らかの手がかりが得られないか，という考え方で，先ずは簡単に $f0$ の時間パターンを折れ線近似で行った（小松 88a；Komatsu 90）。

　日本語の1名の簡単な文章から近似直線のパラメータを求め，それを用いて係り受け構造の文構造判定ルールを作り，学習外の音声に当てはめたところ，よく文構造を求めることができた（図3-7）。

　しかも，たまたまベル研究所など海外から訪ねてきた音声研究者が英語音声やフランス語音声，中国語音声で実験したが，そのままの判定ルールでよく文の構造を抽出することができたのである。

　その後，ポーズの情報を加えることにより，さらに改良することができた（大須賀 03d）。しかしこの段階の近似直線表現では音声合成への応用は難しい。F0モデル（通称藤崎モデル）のような基本周波数 $f0$ パターンを生成するモデルによる表現が課題として残ったが，基礎データとなるF0モデルのパラメータの種類が多く，安定した同時推定法が確立されていなかった。

　なお，本書の主題からやや離れるが，ポーズや発話速度に文書の構造が

入力音声

(発声内容)

ohayougozaimasu　chuukeN rokubuno komatsudesuga　hachibuno suzukisaN onegaishimasu

基本周波数
パターンの
形状解析

プロソディを
利用した
構文木推定の例

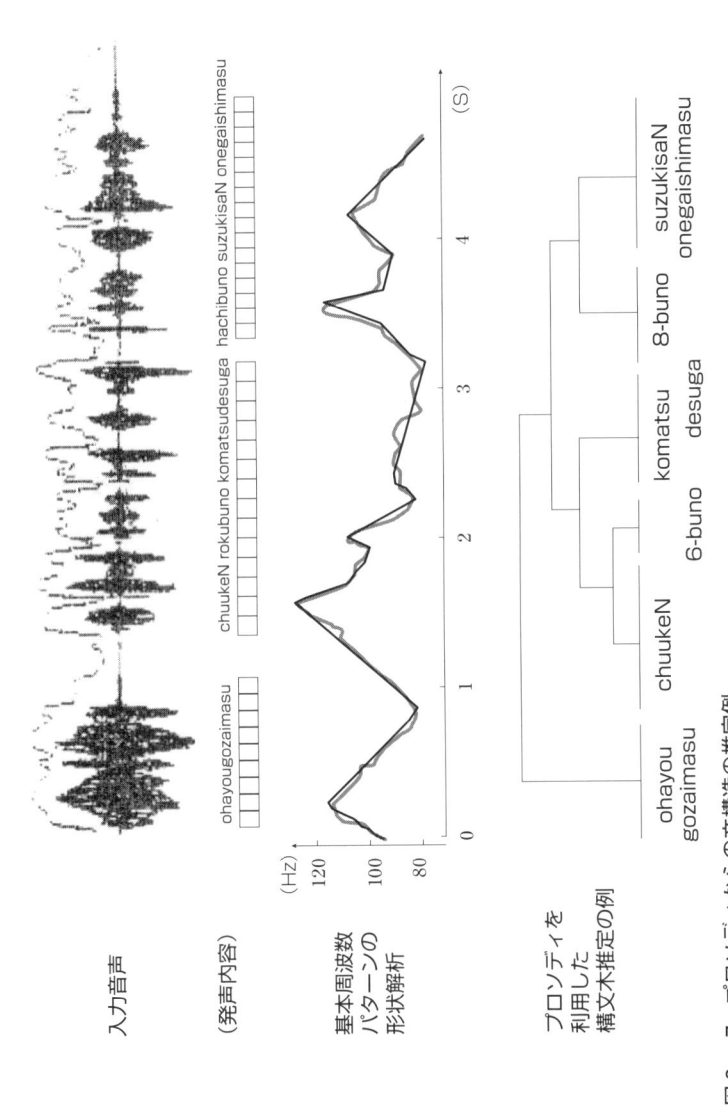

図3-7 プロソディからの文構造の推定例
(出所) 小松 88a。

現れる。例えば，ラジオ放送のニュース文などを分析すると，文と文の間や，話題が変わる部分でも，同様にその構造が存在することが示唆されている（市川 94c）。話題が変わる前のポーズは大きく，話題のテーマの部分はゆっくりと話され，概要，詳細となるにつれて話速が速くなる傾向が見られる。テーマ，概要，詳細各部分の間も一定の長さのポーズが存在する。木構造に表現することにより，ニュース番組の話題構造が推測される。

また，対話の状態として，話題，誤解状態，発話の丁寧さなどのプロソディからの推測の試みがある（菊池英 06）。

4 アクセント句のセグメンテーション

アクセントの役割は，従来から言われてきた意味区別に注目した言語的情報機能よりも，主にセグメンテーション機能にある。アクセントの違いによる意味の異なる文章を作ることは非常に困難である。また同じ単語でも発話者により異なったアクセント型による発話となる現象もよく経験するところであろう。方言の影響のほかに，その単語に対する発話者の心理的距離なども影響するようである。これらは，アクセントは発話者情報としても機能していることを示している。

また，音声の音韻の情報がなくても，聞くとアクセント句の切れ目がわかる（畑野 03a）。

自然な言葉と同じ調子で発声された無意味な言葉を聞かせて，どこで切れると判断されるかという認知実験を行った。3＋6モーラ，4＋5モーラ，5＋4モーラ，6＋3モーラなどからなる9モーラの有意味音声と同じ調子で，無意味な9モーラの音声「ななななななななな」と発音して，どこにアクセント句境界があるかという判断を行う認知実験を行った。結果は90％以上の確率で，アクセント句の切れ目と一致する位置で切れると判断された。

一方，言語的情報とされるアクセント型の推定を同時に行わせると，推

定成績は60％台と意外に低い。このことは，アクセントが持つ情報に対する認知は，セグメンテーション機能とアクセント型推定機能とでは別処理となっている可能性が高いことを示している。

5　プロソディの文末表現と話者交替

対話の円滑な進行の実現における話者交替は，語彙情報（品詞情報）やプロソディ情報を利用しているものと考えられる。

地図課題コーパスから1話題を取り上げ，その約3分間の対話を分析した。聞き手の間投詞の発話（あいづちの「はい」など）は話者交替とは見なさず，話者継続として分析した。分析したデータは101（発話終了27，継続74）である。100ミリ秒以上の重複発話は対象外とした（小磯96c）。

先行発話の発話末の品詞では，動詞終止形，助動詞終止形，動詞命令形では100％，終助詞は89％で話者交替が生じている。発話末の1モーラの基本周波数$f0$のパターンは，終了出現（話者交替）頻度で，上昇型100％，下降型46％，平坦型29％で話者交替が生じている。これとは別のデータで分析したものでも同様の傾向が観測されている（Ichikawa 94d；市川94b）。また発話末の1モーラのパワーパターンでは，下降型80％で話者交替が生じている。

品詞，$f0$，パワーのタイプ別の終了出現頻度を基に品詞，$f0$，パワーによる各終了確率をPv, Ppt, Ppwとして，発話の終了確率Puを，

$$Pu = (Wv \times Pv + Wpt \times Ppt + Wpw \times Ppw) / (Wv + Wpt + Wpw)$$

と定義し，地図課題コーパスから別の1話題を学習外評価データとして評価した。Wv, Wpt, Wpwは重みである。

学習外評価の結果は，話者継続91.1％，あいづち91.7％，発話終了86.1％で，全体として88.9％であった（小磯96c）。

5 実時間伝達支援機能とプロソディ

　実時間対話における言語的情報とプロソディ情報の関係は，比喩で説明するならば，カーナビゲーションにおける地図情報とルート表示の関係といえよう。地図情報のみでは運転しながら判断する（実時間処理）ことはかなり困難である。地図情報なしでルート情報だけでも難しい。地図上に示されているルート情報と音声案内に従い，地図や道路標識で確認してゆくことにより運転が可能になるといえよう。

　同様にプロソディ情報の存在と言語的情報の組み合わせにより，実時間対話が可能になっていると思われる。

　以下，実時間支援機能として，音声のプロソディ情報の代表として $f0$ を取り上げる。F0 モデルを対象に，$f0$ パターンの推定手法の開発を行い，それに基づき検討を進めた。

　なお，下記の分析手法は，その手法を人間が対話中に行っているということを主張しているのではない点を明確にしておく。あくまでも $f0$ パターンにどのような情報が内在しているかを知るための分析手段として取り上げたものである。

1　F0 モデルによる遺伝的アルゴリズムを用いた**基本周波数の抽出**

　ある程度の生理的裏づけのある基本周波数の数学的モデルに藤崎によるF0 モデルがある（Fujisaki 04）。F0 モデルは喉頭の制御に基づいた声帯の振動の変化から生理的に説明されている。そのためこのモデルにより生成された $f0$ パターンは音声合成に利用が可能である。

　F0 モデルはフレーズ成分とアクセント成分という 2 つの成分の線形和によって構成されている。フレーズ成分は発話頭から発話末にかけて緩やかに減衰する成分であり，インパルス応答の形で記述される。またアクセ

ント成分は局所的に上昇下降する成分であり，ステップ応答の形で記述されている。

インパルス応答及びステップ応答ということは，モデルの形とパラメータが初めに与えられれば，f0 パターンのその後の推移は決定される，言い換えれば f0 パターンの形状の先の展開を「予告」する情報が f0 パターンのパラメータとして内在していることを意味している。

F0 モデルは (1) 式のように記述される。

$$\ln F_0(t) = \ln F_b + \sum_{i=1}^{I} A_{pi} G_{pi}(t-T_{0i}) \\ + \sum_{i=1}^{J} A_{aj} \{G_{aj}(t-T_{1j}) - G_{aj}(t-T_{2j})\} \quad (1)$$

F_b は基本周波数の基底値であり，話者ごとのベースとなる F_0 値を示す。A_p はフレーズ指令（インパルス）の大きさ，A_a はアクセント指令（ステップ）の大きさであり，T_{0i} は i 番目のフレーズ指令の生起時点，T_{1j} は j 番目のアクセント指令の始点，T_{2j} は j 番目のアクセント指令の終点である。実測データからの F0 モデルパラメータの推定では，これらのパラメータ全てを変数として同時推定する必要がある。

また，(1) 式内の G_p，G_a はそれぞれフレーズ制御機構，アクセント制御機構の関数であり (2) 式，(3) 式によって記述される。

$$G_{pi}(t) = \begin{cases} a_i^2 t e^{-a_i t} & : t \geq 0 \\ 0 & : t < 0 \end{cases} \quad (2)$$

$$G_{aj}(t) = \begin{cases} \min\left[1(1-\beta_j t)e^{-\beta_j t}, \gamma\right] & : t \geq 0 \\ 0 & : t < 0 \end{cases} \quad (3)$$

ここで a はフレーズ制御機構の固有角周波数でありフレーズ成分の減衰の速さを（図3-8），β はアクセント制御機構の固有角周波数でありアクセントの上昇下降の早さを決定するパラメータである（図3-9）。

F0 モデルは優れた近似性能が期待されるが，フレーズ成分とアクセン

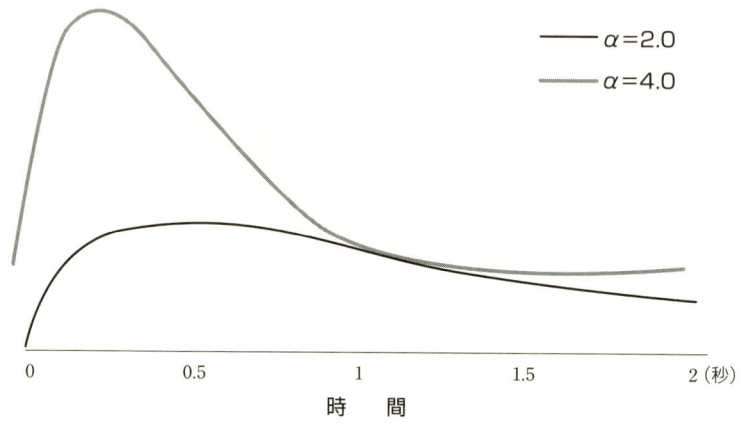

図3−8 フレーズ制御機構の固有角周波数 α
（出所）大橋 09a。

ト成分の合成で構成され，アクセント句が多数ある場合は必要なパラメータが非常に多くなり，その同時決定が難しかった。そのため従来，α と β のパラメータは経験的に発話ごとの変動が比較的小さいことから，提案者の藤崎らは α =3.0，β =20.0 という値を用いることが多かった。

本書では，F0 モデルのパラメータの同時推定に遺伝的アルゴリズム（GA）を用いる（木村 06；佐藤翔 08）。

GA では各パラメータをビット列化したものを遺伝子と見なし，この遺伝子を進化させていくことによってパラメータの最適化を行う。

ここで取り上げた方法は，藤崎による F0 モデルを構成する多数のパラメータを GA の手法により同時推定する一種の AbS（合成による分析法）[2]で

---

[2] AbS（合成による分析法）：分析の対象を記述するモデルのパラメータを操作し，対象とモデルの合成する結果の誤差を小さくし，その時のパラメータの値をもって対象の特徴とする分析法。誤差の評価が最小二乗法によるとき，そのモデルによる最小二乗の意味での最適な分析結果が得られる。ここでは最小二乗法ではなく GA により誤差の評価を行っているため，その点で残念ながら最適な分析結果としての保証はできていない。

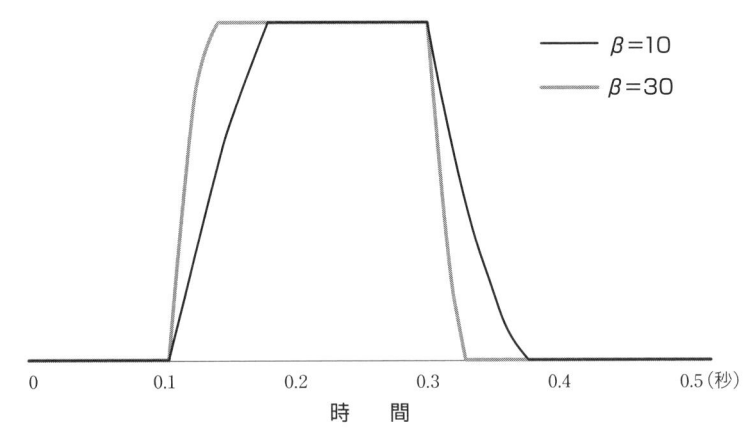

図3-9　αの値によるアクセント成分の応答速度の差
（出所）大橋 09a。

ある。観測された f0 パターン $[F_0(t)]$ を環境，F0 モデルにより生成された f0 パターン $[F_m(t)]$ を生物，F0 モデルを構成するパラメータを遺伝子，観測された f0 パターンと F0 モデルにより生成された f0 パターンの誤差を環境への適応の程度（適応度）adp として多数世代にわたって遺伝操作を実行し，その中から最も誤差の小さい結果による f0 パターンを用いた。

$$adp = \left[\frac{1}{N}\sum_t (F_0(t) - F_m(t))^2 + 1\right] \tag{4}$$

なお，音声には無声子音など基本周波数が存在しない区間も存在するが，適応評価の区間からは除外することにより対応が可能である。より最適解に近いパラメータ情報を有する遺伝子ほど平均二乗誤差が小さくなるため，適応度は高くなる。

GA は選択・交叉・突然変異の3ステップによって構成される。

選択

全遺伝子の中から，適応度に比例した確率で2本の遺伝子を選択する。

このステップによって環境に適応しない遺伝子は淘汰されるため，最適解に近づく方向に進化を進めることが可能である．

交叉

選択された2本の遺伝子をある一点で切断し，各々の前後を交換し，新たな2本の遺伝子を生成する．両親のパラメータ情報を継承して，なおかつ新しいパラメータ情報を持つ遺伝子が生成される．

例えば，

$$\begin{array}{c} 00001 \,|\, 111 \\ 01010 \,|\, 101 \end{array} \Rightarrow \begin{array}{c} 00001101 \\ 01010111 \end{array}$$

のように，一部を入れ換える操作である．

突然変異

交叉後の遺伝子内のビットに対して，低確率で $0 \to 1$，$1 \to 0$ の変化を起こす．

第1世代N本の遺伝子に対して以上の3ステップをN/2回繰り返すことにより，新たにN本の遺伝子を生成する．それらを第2世代の遺伝子N本として再びステップを繰り返すことにより，第3世代の遺伝子N本を生成する．なお進化を加速するために適応の最高のものはそのまま生き残らせる戦略もとっている．以下，第M世代まで進化させることによってパラメータの最適化を図る．

推定した値を用いて，GAによって全パラメータの変動・最適化を行う．

2　アクセント情報によるセグメンテーションの予告

本章第4節第4項に示したように，90％以上の割合でアクセントに基づいて句境界を同定できることが知覚実験によって得られている．ここでは，$f0$ パターンの物理情報の中にアクセント句境界の位置を予告する情報が存在することを示す（大橋 09a；Oohashi 10）．

本章第4節第4項に用いた資料を基に，3〜6モーラの有意味語から2

つを選択し合計9モーラになるように組み合わせた文字列を男性話者が発声した音声のうち，後述する選別の結果残った47個の音声を対象とした。

　先ず，先述した遺伝的アルゴリズムによる推定方法によってf0パターン生成過程モデルのパラメータを推定し，推定されたf0パターン生成過程モデルのパラメータに基づいて音声の選別を行った。1つのフレーズに2つのアクセントが存在する音声を対象とすることで，アクセント情報のみによるセグメンテーションの検討を行うためである。フレーズ成分が2つある場合を除いた理由は，2つあると判断がより容易になるからである。その後，f0パターン生成過程モデルのパラメータを説明変数，アクセント句長を目的変数として回帰分析を行った。

　なお，先述のように，このような手続きで聞き手が句境界時点を予測していることを主張するものではない。こうした処理は処理量が極めて多く，実時間性を実現する知覚・認知モデルとしては相応しくないからである。ここでは実時間性を考慮し，実音声のf0パターンの入力の進行に伴い，選択される既学習パターン候補が絞られてゆき，選択された既学習パターンの持つ境界情報によって句境界を予測する，というモデルを想定している（第8章第2節参照）。

　目的変数にアクセント句長，説明変数にA_p，アクセント成分立下り時間T_2，βとT_2との交互作用（以下AとBの交互作用を$A \times B$と記す），$a \times \beta \times T_2$を用いて回帰分析を行った。$\beta$が15以上25未満の音声を対象として回帰分析を行った結果を式（5），表3－1に示す。式（5）から$a \times \beta \times T_2$の影響がアクセント句長の予告に大きな影響を与えていることがわかる。

3　F0モデルではβはアクセント制御機構の固有角周波数で，アクセントの上昇下降の早さを決定する同一パラメータ値としているため，アクセント核の位置が偏っている場合，F0モデルとの整合精度が悪化する可能性が高いので対象から除いた。

表 3 − 1　回帰モデルと精度

Formula	Adjusting R^2
$a + A_a + T_2 + \beta + a \times \beta \times T_2$	0.614
$F_b + a + A_a + T_2 + \beta + a \times \beta \times T_2$	0.612
$F_b + A_p + a + A_a + T_2 + \beta + a \times \beta \times T_2$	0.610
$a + T_2 + \beta + a \times \beta \times T_2$	0.599
$F_b + a + T_2 + \beta + a \times \beta \times T_2$	0.585

（出所）大橋 09a。

$$0.65 + 0.10 \times F_b + 0.03 \times A_p + 0.28 \times a + 0.11 \times A_a + 0.16 \times \beta + \\ 0.33 \times T_2 + 0.06 \times \beta \times T_2 - 0.33 \times a \times \beta \times T_2 \tag{5}$$

　その結果，アクセント句の境界位置の予告には，β と T_2 の交互作用が大きく寄与すること，誤差が 1 モーラ未満の範囲では約 60％，前後 1 モーラの誤差を許容する場合は約 95％ の精度で予告が可能であることが示された（図 3 − 10）。

　一方，f0 パターンのみの情報では 60％ 程度の精度でしか句境界を予告することはできず，これは本章第 4 節第 4 項の被験者による評定実験の結果と比較して 30％ 以上低い。この原因としては本章第 4 節第 4 項の認知実験で用いられたデータには，フレーズ成分を 2 つ持つものが含まれている可能性が排除できないことや，無意味音声を用いたとはいえ音声の振幅情報がもたらす時間情報などが含まれるのに対して，ここでは 1 フレーズ成分のみの f0 パターンのみに着目したことによる差と考えられる。

3　プロソディの文構造予告情報

　構文構造の曖昧性を解消する要素として，先行研究ではダウンステップ[4]，ポーズ，syllable lengthening によって，係り受けが判断できる可能性が

4　ダウンステップ：高い声調の音節が続いた後の音節の音調が低めに生じる現象。

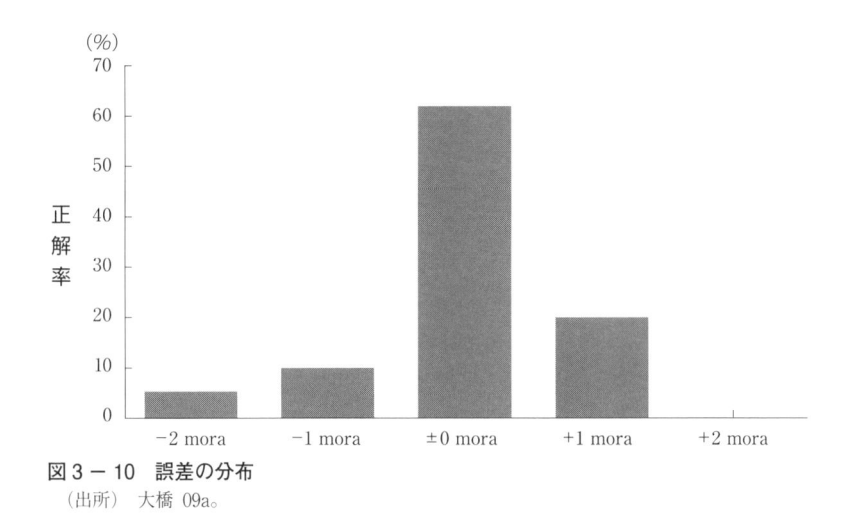

図 3－10　誤差の分布
（出所）　大橋 09a。

示唆されている．ここでは，f0 パターンの物理情報の中に構文構造を予告する情報が存在することを以下に示す．

ATR「研究用日本語連続音声データベース」（阿部 90）の音素バランス文 503 文のうち，セット A の 50 文を全 10 名分（男性 6 名，女性 4 名）用いた．

先ず先述した小松の直線近似による構文構造推定に f0 パターンの直線近似による方法（小松 88a）を拡張し，先行するアクセント句の近似直線の情報から後続アクセント句への係り受けが，直後のアクセント句か，さらに先のアクセント句かを予告する情報が存在するかを，判別木を構成し検討した（Ohsuga 03）．

結果を図 3－11 に示す．3 つの語句間の構文関係（第 1 句が第 2 句に係るか第 3 句以降に係るか）について，途中までのプロソディ情報の時間の進行に従い順次予告精度がどのようになるかを示している．

先行アクセント句で既に 80％近い値で予告しており，さらに時間が進行してもその改善率はあまり上がらない．すなわち，日本語音声では f0 パターンに文構造（係り受け）の予告情報が存在しており，それを認知し

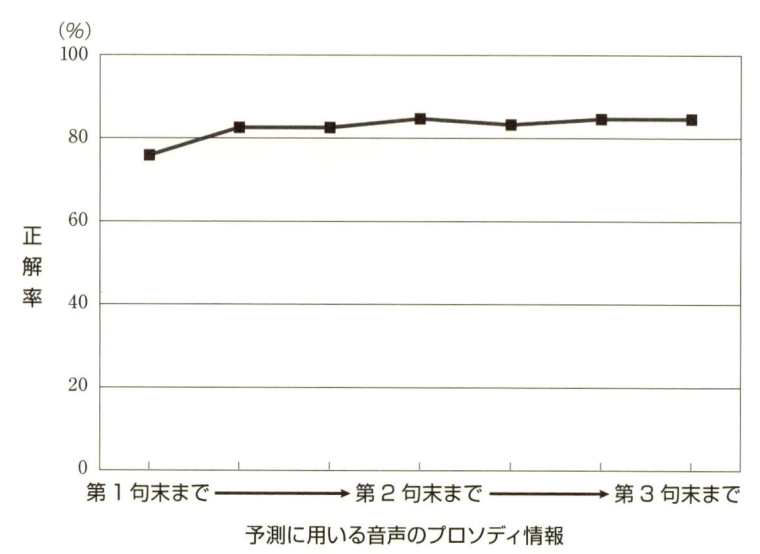

図3−11 *f0* の直線近似による係り受け予告情報の正解率
（出所） Ohsuga 03.

ていると仮定するならば，心的負担の小さい聞きやすい合成音声を実現するためには，この情報を再現することが必要であることを示している。

そこでF0モデルにより同様に予告情報の検討を行った。F0モデルのパラメータに予告情報が存在することが確認できれば，合成音声にも反映させることの見通しが立てられる。

先行句と後続句のプロソディの関係は様々であるため，以下記述が複雑であるが，結論を先に述べるならば，Ohsuga 03と同じ80％程度の割合で予告情報が存在することがわかった。

先述した遺伝的アルゴリズムによる推定方法によって パターン生成過程モデルのパラメータを同時推定した後，*f0* パターン生成過程モデルのパラメータを説明変数として，先行アクセント句（以降，先行句）が後続アクセント句（以降，後続句）に係るか否かを判別クラスとして，マハラノビス距離による判別分析を行った。この際，P 値を5％としてステップ

ワイズ法による変数選択を行い，モデルに編入された変数のみを利用した。

なお，フレーズ成分とアクセント成分の組み合わせの場合が様々にあり，その組み合わせごとに検討を行う必要がある。（ⅰ）先行句のパラメータのみを利用した場合，（ⅱ）先行句とポーズを利用した場合，（ⅲ）先行句と後続句のパラメータとポーズを利用した場合，について分析を行った。

（ⅰ）（ⅱ）（ⅲ）の各条件における編入候補の変数を表3－2に示す。なお，F_{0T1j} は，T_{1j} における f0 パターン生成過程モデル上の f0 の理論値の対数値を指す。また，以降，T_{0j} は j 番目のアクセント成分を含むフレーズ成分の発生時間，a_j は j 番目のアクセント成分を含むフレーズ成分の上昇・下降速度を指す。条件（ⅳ）（ⅴ）（ⅵ）については後述する。

（ⅰ）先行句のパラメータのみを利用した場合，変数選択の結果，$T_{11}-T'_{01}$，A_{a1}，β_1 が編入され，交差検定による判別率は 0.661 となった。

（ⅱ）先行句のパラメータとポーズを利用した場合は，変数選択の結果，pause，$T_{11}-T'_{01}$，β_1，F_{0T11} が編入され，交差検定による判別率は 0.800 となった（表3－2）。

（ⅲ）先行句と後続句のパラメータとポーズを利用した場合，変数選択

表3－2　各条件での変数選択で用いた編入候補の変数

条件	編入候補の変数
（ⅰ）先行句	a_1, A_{a1}, β_1, $T_{11}-T_{01}$, F_{0T11}
（ⅱ）先行句＋ポーズ	（ⅰ）＋ pause
（ⅲ）先行句＋ポーズ＋後続句	（ⅱ）＋ a_2, A_{a2}, β_2, $T_{12}-T_{02}$, F_{0T12}
（ⅳ）先行句＋ポーズ＋差分値	a_1, a_2, $T_{11}-T_{01}$, $T_{12}-T_{02}$, pause, $A_{a1}-A_{a2}$, $\beta_1-\beta_2$, $F_{0T11}-F_{0T12}$
（ⅴ）両句が同一フレーズ上	$T_{11}-T_{01}$, $T_{12}-T_{02}$, pause, $A_{a1}-A_{a2}$, $\beta_1-\beta_2$, $F_{0T11}-F_{0T12}$
（ⅵ）両句が異なるフレーズ上	a_1, a_2, $T_{11}-T_{01}$, $T_{12}-T_{02}$, pause, $A_{p1}-A_{p2}$, $A_{a1}-A_{a2}$, $\beta_1-\beta_2$, $F_{0T11}-F_{0T12}$

（出所）　大橋 09a。

の結果，pause, β_1, F_{0T11}, F_{0T12}, $T_{12}-T_{02}$ が編入され，交差検定による判別率は 0.803 となった。

また，条件（ⅲ）において（ⅳ）先行句のパラメータとポーズ，先行句と後続句との差分値を利用した場合についても分析を行った結果は pause, $T_{11}-T_{01}$, $F_{0T11}-F_{0T12}$, $A_{a1}-A_{a2}$ が編入され，判別率は 0.807 となった。

さらに，後続句のパラメータを利用する場合，フレーズ成分へのアクセント成分の含まれ方によって，判別の傾向が異なる可能性が考えられる。そこで，（ⅴ）先行句と後続句が同一フレーズ成分上に存在する場合と，（ⅵ）異なるフレーズ成分上に存在する場合とで場合分けして変数選択・交差検定による判別率の算出を行った。

同一フレーズ成分上に存在する場合，変数選択の結果，pause, $T_{0T11}-T_{01}$, $F_{0T11}-F_{0T12}$, $A_{a1}-A_{a2}$, $T_{11}-T_{01}$ が編入され，判別率は 0.755 となった。異なるフレーズ成分上に存在する場合のみ pause が編入され，判別率は 0.777 となった。

以上の結果をまとめると表 3-3 のようになる。

以上のように，f0 パターンの物理情報の中に構文構造を予告する情報，判別する情報が存在する可能性に関する検討を行った。その結果，先行アクセント句の f0 パターンだけで 65% 程度の精度で構文構造を予告する情

表 3-3　変数選択・交差検定の結果

条件	編入変数	判別率
（ⅰ）先行句	$T_{11}-T_{01}$, A_{a1}, β_1	0.661
（ⅱ）先行句＋ポーズ	pause, $T_{11}-T_{01}$, β_1, F_{0T11}	0.800
（ⅲ）先行句＋ポーズ＋後続句	pause, β_1, F_{0T11}, F_{0T12}, $T_{12}-T_{02}$	0.803
（ⅳ）先行句＋ポーズ＋差分値	pause, $T_{11}-T_{01}$, $F_{0T11}-F_{0T12}$, $A_{a1}-A_{a2}$	0.807
（ⅴ）両句が同一フレーズ上	pause, $F_{0T11}-F_{0T12}$, $A_{a1}-A_{a2}$, $T_{11}-T_{01}$	0.755
（ⅵ）両句が異なるフレーズ上	pause	0.777

（出所）　大橋 09a．

報が含まれることが示された。f0 パターンの物理情報によって構文構造を判別できるかという点に関しては，先行アクセント句と後続アクセント句の間のポーズ，後続アクセント句の f0 パターンを含めた場合，80% 程度の精度で構文構造が判別できる。また，構文構造の判別にはポーズ，ダウンステップが有効であるという結果は，先行研究の知見と一致する。

4 プロソディによる話者交替の予告と予測

予告

先行研究において，句末のコピュラや，隣接ペア[5]，係り受けの未定数，韻律情報，統語構造によって話者交替位置が示されている可能性が示唆されている。

文構造における係り受けを受ける部分が別話者の音声であると見なすと，同一話者の音声においてプロソディに予告情報が存在することを考えれば，話者交替にも予告情報が存在するという仮説を立てることができるであろう。

そこで，先ず f0 パターンの近似直線に話者交替の予告情報が存在するかどうかを検討した。その結果，仮説を裏付ける結果が得られた（Ohsuga 05；大須賀 06）。

そこで次に F0 モデルによる検討を行った。話者交替の予告・予測について，物理面・認知面の両面から検討した。物理面からの検討として，f0 パターンに話者交替を予告する物理情報が存在するかの分析を行った。

先ず，認知面に関しては，文脈情報 Ic，言語的情報 Il，プロソディ情報 Ip，身体動作（視線や表情など）による情報 Ib がマルチモーダル的に関わり，閾値 T を超えると予測が可能となると考え，式 (6) のような概念的モデルを仮定する。

---

[5] コピュラ：例えば，「だ」「です」「(で) ある」「(で) ない」「らしい」「ようだ」「ちがいない」「しれない」「そうだ」「になる」など，述部を形成する節と共起し，述部に意味論的な内容を追加しない要素のこと。

$$Ic + Il + Ip + Ib \geq T \tag{6}$$

このモデルを踏まえ，（ⅰ）韻律条件：韻律情報 Ip のみ，（ⅱ）文字列条件：言語的情報 Il のみ，（ⅲ）音声条件：音声 $Il + Ip$，の 3 条件で認知実験を行い，それぞれの条件における予測可能性の検討を行った．すなわち，後続発話の情報を提示せずに，先行発話だけの情報で「交替」となるか「継続」となるかを判定させた．

使用するのは，6 〜 14 モーラの比較的短い音声である．先行研究（Ohsuga 03）で利用している「日本語地図課題対話コーパス」の一部を使用した．男性話者による 8 対話のうち，固有名詞やあいづちだけの発話は除外し，6 モーラ以上で，似た句頭（左，右，上，下，出発地点・廃屋などの名詞）を持ち，明瞭に聞き取れる音声，106 発話（交替 55 個，継続 51 個）を選定した．

$f0$ パターン生成過程モデルのパラメータを説明変数として，話者が交替するか継続するかを判別クラスとしてマハラノビス距離による判別分析を行った．この際，P 値を 5% としてステップワイズ法による変数選択を行い，モデルに編入された変数のみを利用した．

発話における最終フレーズ成分の A_p, α, 最終アクセント成分の A_a, β を編入候補の説明変数として変数選択を行った結果，A_p, A_a が判別モデルに編入され，交差検定による判別率は 0.687 となった．

予測

プロソディに話者交替を予告する物理情報が含まれるという結果に対応して，プロソディによって話者交替を予測できるかを 3 つの条件で認知面から比較検討を行った（千田 09）．

（ⅰ）プロソディ条件：音声には，先述した推定手法を利用して，選定した音声の $f0$ パターン生成過程モデルのパラメータを求め，無声子音など $f0$ が測定されない区間の $f0$ も算出し，三角波を周期的

に発生させることで f0 パターンを再現したものを用いた。ただし f0 情報のみでは被験者にとっては聞き慣れず，驚いている間に試料提示が終わってしまうため，音声資料を作成する際，プロソディ情報を滑らかにするためにパワー情報も加えている。つまり，音韻情報は除外されているが，基本周波数 f0，パワー，時間構造のプロソディ情報が含まれる。

(ⅱ) 文字列条件：選別した音声を仮名文字で書き起こした文字列を 1 文字ずつ順次提示した。

(ⅲ) 音声条件：選別した音声をそのまま提示した。

実験は，プロソディ条件 12 名（男性 5 名，女性 7 名），文字列条件 10 名（男性 5 名，女性 5 名），音声条件 10 名（男性 5 名，女性 5 名）の被験者を対象として行った。1 名の被験者につき 1 つの課題を行った。提示刺激は先述した 106 個のデータである。なお，プロソディのみの音声を聞くことは日常的にはないため，(ⅰ) プロソディ条件に関しては事前学習を行わせた。

被験者には，文字もしくは音声の提示後，質問紙の「交替」か「継続」を選択させた。

各被験者の正答率を図 3 − 12 に示す。横軸は正答率，縦軸は人数である。

プロソディ条件では，実験において用いたプロソディのみの音声は日常的には聞き慣れないデータのため，事前学習が必要であった。学習が進んだ被験者数は少数であったが，正答率が 60% 以上であったのは 12 名中 3 名おり，うち 1 名は 80% を上回った。提示刺激に含まれる交替・継続の割合から，チャンスレートを約 50% と仮定すると，6 名の被験者がチャンスレート以上の正答率を示しており，特に 80% を超えた者が存在したという事実は，プロソディが話者交替予測に対して何らかの情報を有する可能性がある。プロソディだけで予測できた人がいたということが重要である。

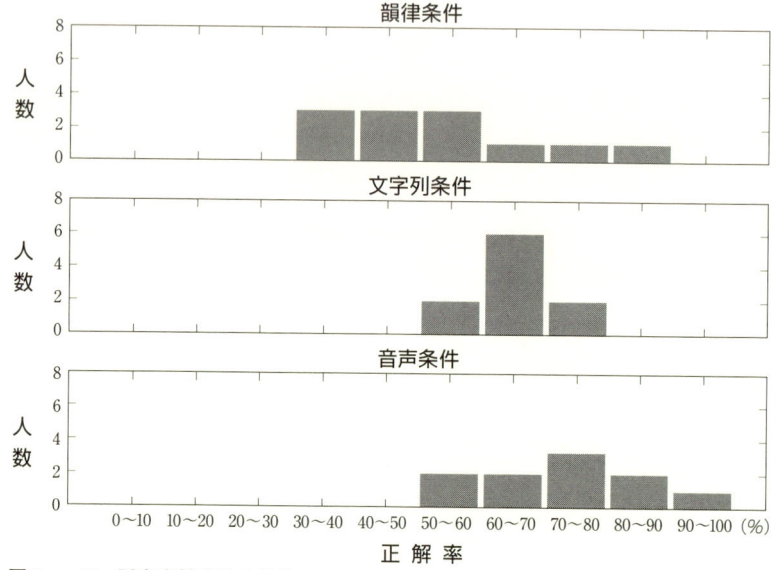

図3-12 話者交替実験の結果
（注）プロソディ情報のみで正解が80％以上となる被験者が存在することに注目。
（出所）千田09。

この実験では，後続発話を被験者に聞かせないことで予測の可能性を認知的に検証できているが，被験者が先行発話を全て聞き終わっているという点で，重複発話が生じるような話者交替を説明するだけの十分な検証まではできていない。

また，プロソディのみの音声の事前学習の困難も考慮すると，プロソディ情報を除去した音声をゲート法によって提示し，プロソディ情報を含む音声を提示した場合と比較することで，話者交替の予測の可能性を検証することが今後考えられる。

6 あいづち

円滑な対話においては「はい」や「うん」などの「あいづち」が不可欠

であることは経験上からもよく知られている。

　しかし「はい」や「うん」はそれ自体命題情報を持たず，その発話が機能を果たすためには，先行する文脈の存在が不可欠である。また，そこでは話者交替の現象が生じず，それ自体が意味を持たない発話を通常「あいづち」と定義している（小磯 96b）。

　「あいづち」の生じる場所は，メイナードはポーズで区切られた発話（PPU）の終助詞や間投助詞の後に打たれると指摘していた（メイナード 93）。しかし自然な対話を分析してみると，それ以外にも多数「あいづち」が打たれることがわかった。ポーズとは無関係に生じるケースも多く，PPU 内でも生じている。終助詞や間投助詞などの音韻情報の存在との関係は深いものの，f0 パターンの形状が一旦上がって下がる山形の変化や，パワーが他よりも大きい，最後が長いなどのプロソディ的特徴が見られる。またポーズの後というよりも PPU との重複した「あいづち」の頻度も高い。

　このような観察結果を反応時間の分布から見ると，先行発話の意味の言語的解釈のみで「あいづち」を打つことは困難であり，話者交替と同様にプロソディで何らかの予告情報が示され，それを利用して予測し，終助詞や間投助詞などの音韻情報やプロソディの特徴により表出される，いわば「あいづち打ち適格場」（BPR：Backchannel Relevant Places）のような区間で生じると考えられる（野口 01）。今後に残された検討課題である。

　また「あいづち」には，「同意」を表す場合や，「聞いています」ということを表す場合などがあり，その区別は今後の課題であろう。

　なお，「あいづち」と類似の行動に「うなずき」や「視線」による反応がある。これらについては第 7 章第 1 節と第 2 節で記述する。

7　音声のリズム構造

　実際の音声を実時間で理解できる条件を考えてみると，連続して発声さ

れている音声から，その音声を構成している語彙を実時間で切り出し，その語彙内容を何万語も記憶していると思われる脳内の長期記憶から直ちに見つけ出し，さらにそれらの語彙の相互の関係を即座に検出（主語と述語，修飾語と被修飾語，疑問文かなどの文形式など）する必要がある。

これまで提案されている多くのモデルは，音韻認識を経て心的辞書にアクセスするものが多い。しかし実時間性や言語障害の事例，幼児の言語発達の様子などを考えると，単語やアクセント句（AP）でセグメントされたスペクトル時系列パターンのような信号レベルの情報から直接アクセスしているのではないかと思われる。

神戸外国語大学の河野は，様々な認知心理実験などを行い，人の言葉のリズム機構には異なる2つの種類があると報告している（Kohno 92）。330ミリ秒以下の繰り返しには直感的に判断する機構が働き，直ぐに真似をできるが，410ミリ秒より長い間隔では考えながらリズムを真似していく必要があり，脳の中では論理的に判断する機構が働くのではないかと推測している。

私は，この2つのタイプについては次のような役割があるのではないかと考えている。

単語や文節などは，一つにまとまった意味を担っているので，そのまとまった塊（パターン）として直感的に把握できるように処理する仕掛けが前者であり，APで切り出されたパターンを認識する場合に都合の良い単語内や文節内のリズムではないかと思われる。

一方，APの間の構文関係がどのようになっているかを論理的に判断するための時間的余裕を与える仕掛けが，後者ではないか（例えば，ある名詞を修飾している形容詞との関係や，主語と述語の関係など）ということである。

このような2種類の時間構造は，第4章第6節と第5章第4節で後述するように，手話や指点字でも観察されている。

第4章
手話(実時間視覚言語)と
プロソディ

　私が手話に興味を持ったきっかけは，1991年にトロント大学で見たニューラルネットワークを応用した手話認識システムのデモであった。データグローブで手話を入力し，ニューラルネットワークで認識し，合成音声で認識結果の文章を出力するものであった。博士課程の学生が私の訪問のために歓迎の文章などのデモを準備してくれていたのである。

　それは，手を早く動かすと合成音声が早口となり，手を大きく動かすと大きな合成音声が出力された。手話が音声と同様に豊かな表現力を持つ言語であることを，実感を持って知ったのであった。まさにそれは音声のプロソディと同様のものであり，手話にもプロソディが存在するに違いないと感じた瞬間であった。

　おそらくその頃は，手話の研究の世界では，音声言語のプロソディと同様の意味での「手話のプロソディ」という概念はほとんど認識されていなかったのではないかと思われる。

1 自然言語としての手話

日本における手話には，日本手話と日本語対応手話，中間型手話などがあるといわれている。日本手話は主に先天性の聴覚障害者（以下，先天性の方を「ろう者」と記す。中途障害者など全体を示す場合は単に「聴覚障害者」と記す）が用いている手話である。日本語対応手話は主に日本語を母語としてきた人が病気などで聴覚障害となり，おおむね日本語の順序で手話単語を並べて表現された手話である。中間型手話はそれらの混合的なもので，手話の学習の進み具合や相手により，表現の混合の程度が変わるといわれている。しかしこれらの違いに関する実証的研究は今後の課題となっている。

指文字は手の形を書記言語の文字に対応させたもので，手話と合わせて用いられる。

手話と指文字は言語の観点からは全く異なるものである。手話は独自の音韻体系と文法体系を持つのに対し，指文字は日本語などの音韻を表記するコードの一種である。いわば日本語音声中に英語単語を英語綴りのまま組み込んでアルファベットで表現することに相当する。

日本の指文字は仮名に対応しており，片手で表されるが，手形だけでなく動きのあるものもある。アメリカ手話（ASL：American Sign Language）の指文字はアルファベットに対応しており，動きは少ない。イギリス手話の指文字は両手を用いる（神田 86）。

2 手話対話の収録

音声の収録と同様に対面で視線が一致するように設置されたプロンプタを用いて収録した。

音声の場合と異なり，音の分離を配慮する必要がないので，場合によっ

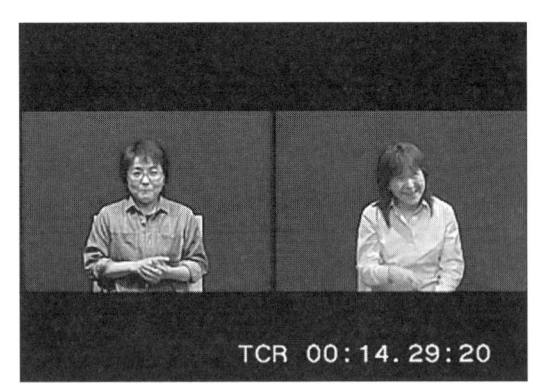

図4-1　手話の録画の画面の例
（出所）工学院大学長嶋研究室。

ては同じスタジオに2台のプロンプタを設置して収録している場合もある。実験の指示はプロンプタを通して手話や文字を提示したり，また必要に応じてプロンプタの横に手話通訳をおいて，指示を出す場合もあった。

　日本手話を収録する場合は，日本語の影響をできるだけ避けるために，指示は内容を吟味した手話動画を用い，文字の使用は避けるように配慮している。

　手話は対話言語なので，収録データは対話者の手話を同期して1画面に統合してある（図4-1）。またろう者の協力を得て，フレーム単位の時間分解能で手話単語のアノテーションを行っている。そのためにアノテーションツール（MAT）を千葉大学と工学院大学でそれぞれ開発した。ただし大学で開発したツールはメンテナンスに問題があるため，最近では国際的に流通しているAnvilやELANを用いている（ELAN 10）。

時間構造分析用手話データ

　コーダ[1]による日本手話文45文，296手話単語の「わたり」および「本

---

[1] コーダ：両親が聴覚障害者で本人は健聴であるが，家庭内で日常的に日本手話を用いており，日本手話に関しては実質的にネイティブサイナと見なせる。

体[2]に分け時間構造を分析した。データグローブにより手の位置データを取得し，動画像により手話単語の読み取りを行った。

sIGNDEX 手話データベース

本章第3節第2項に記載する手話記述法 sIGNDEX の開発を主な目的に収録した（市川 01b）。工学院大学の長嶋祐二研究室と日本手話学会元会長神田和幸中京大学教授との共同で作成した。

複数の手話辞典から共通の手話単語を100語抽出し，それをろう者に提示，その単語を含む文章をろう者に作成してもらい，さらにその手話文の動画をろう者が読み，同じ意味の文章を手話文で再度表現してもらったものである。このような手順を踏んだ理由は，日本語の影響をできるだけ排除した日本手話のデータを取得できるように配慮したためである。100例文からなる。

対立意見手話対話

日本手話のネイティブサイナ（ろう者）に事前にアンケートを行い，意見の対立するテーマ（「旅行人数について」「タイムマシンに乗るなら」など）を見出し，それを初めに提示し，手話による対話を行ってもらった。狙いは活発な自然な手話の収録であるため，対話の進行に従いテーマから外れても問題がない。収録時間は1対話約5分とした（堀内 07a）。

拘束手話

次節に記述する検討を主な目的に収録した。工学院大学長嶋研究室との協力で実施した（市川 05）。

一つは，両手に靴下をはめ，指の動作が表現できないように拘束したもので，通称「ドラえもんの手話」と呼ぶ（日本手話学会元会長神田中京大学教授の命名（神田 04））（図4－2）。

---

2 「わたり」「本体」：手話辞書などに載っている手形や動きが出現している部分を「本体」，手話文の先行単語から後続単語への移行部分を音声領域での用語に倣って「わたり」と呼ぶことにする。

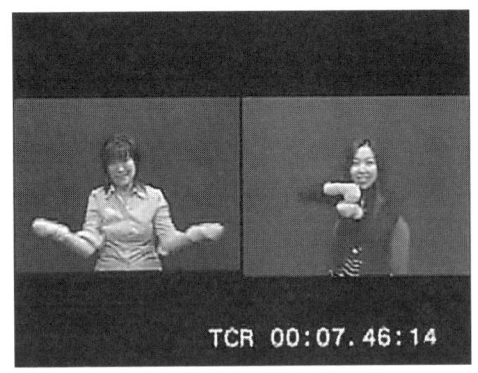

図4-2 ドラえもんの手話
(出所) 工学院大学長嶋研究室。

図4-3 お面の手話
(出所) 工学院大学長嶋研究室。

　他の一つは，顔の表情や視線を読めなくする目的で，サングラスをはめ，頭からすっぽりと紙で作成した袋（眼の部分は穴を開けてある）をかぶせたものである（図4-3）。「お面の手話」と呼ぶ。袋の代わりにマスクをさせ，口の動きを見せないものも作成した。前者は首の動きも拘束されるが，後者は首の動きは自由である。

3 手話の記述法の試み

手話を効率良く分析するためには，手話を何らかの形で記述することが求められる。しかし手話には書き言葉が存在しない。そこで手話動作の記述法の開発を行った。

1 記述の単位
手話対話の時間的相互関係を分析するためには，発話単位の定義や手話単語の範囲を定義する必要がある。

手話単語

時間構造分析用手話データを用いて分析した。

単語単位としては，「わたり」（手話文の先行単語から後続単語への移行部分）と「本体」（手話辞書などに載っている手形や動きが出現している部分）の連続体であることに注目し，「わたり」の開始点から「本体」の終わりまでを「手話単語」として扱う。「わたり」動作の開始の時点では既にその手話単語を表そうとして運動を開始しているからである。

「わたり」及び「本体」の時間長に影響する要因として，「手の移動距離」「運動の種類（腕全体か前腕のみか）」「運動の位置」「後続単語との係り受け関係」「キーワードか」「文中の位置——文末か」「単語の品詞（修飾語か）」との関係を調べた。

重回帰分析を行うために，質的変数である「運動の種類」「運動の位置」「後続単語との係り受け関係」「キーワードか」「文中の位置——文末か」「単語の品詞（修飾語か）」は1／0のどちらか，「手の移動距離」は実測値とし，「わたり」と「本体」の時間長を予測するのに有効な説明変数を選出するためにステップワイズ法による変数選択を行った。

その結果，ビデオのフレーム長を時間単位として，次のようなモデルが

得られた（大高 06）。

「わたり」時間長
　= 0.23 ×「手の移動距離」+ 0.9 ×「運動の種類」+ 4.5

「本体」時間長
　= 0.22 ×「手の移動距離」+ 2.0 ×「運動の種類」− 0.9
　×「後続単語との係り受け関係」+ 2.6

　このモデルと手話単語時間長一定（実測の平均値「わたり」8フレーム，「本体」6フレーム）の2条件により手話CGを作成，13名のろう者により比較評価を行ってもらった。被験者1名当たり15文2回，計30文である。どちらが好ましいかを選択させた。

　その結果，65％が提案モデルを好み（日常日本手話の利用が多い被験者では76％），有意水準5％で有意差が認められた。

　このように手話単語の時間構造は少なくとも「わたり」と「本体」に分けて扱うことが妥当であるといえよう。

　「わたり」と「本体」の説明変数の共通性から，「わたり」では既に手話単語の情報を持っていること，「本体」は文の構造情報と深い関係のある「係り受け」情報を持っていることが示されている。「本体」は手形からの新たな情報は提示されておらず，その時間長が情報であるから，その長さは後続単語との関係の深さの情報を表していると考えると妥当な結果であろう。手話では音声のポーズのように手指が消えることはないから，「本体」は音声におけるポーズの情報も含むと考えることができよう。

　なお，「わたり」の時間構造のモデルは，手話CG規則合成では，本章第8節に述べるように，分析単語数を大幅に増やし，精度を上げている。

発話単位
　書き言葉では句読点や読点などにより文の範囲や構造を示すが，対話音

声(話し言葉)では読点などはなく,一定のポーズ(無音区間,間)で区切って発話単位として分析が行われる。しかし手話では音声のような無音区間はなく,手指が常に表示されており,ポーズ判断は困難である。

本書では手話のポーズを以下のように定義し,発話単位の目安としている(堀内06)。

 a 完全に手を下ろすことによるポーズ
   発話途中で完全に両手を下ろした場合,明らかに発話をしていない。
 b 静止または余分な動きによるポーズ
  b-1 「いいよどみ」によるポーズ
    「いいよどみ」とは,何かの単語を表そうとしていたが,途中で止めて形をなさなかったもの(静止)とした。対話を行ったろう者に判断してもらった。
    ただし,音声対話でも「いいよどみ」は存在し,対話としての一定の機能を持つと考えられ,その取り扱いは今後の課題である。
  b-2 単語間の余分な動きによるポーズ
    「わたり」の軌跡が円滑でなく,余分な動きとなっている部分。

2 sIGNDEX法[3]

手話文法の解明には,手話動画データベースを作成し,分析を行う必要がある。分析を効率良く体系的に行うためには,計算機で扱いやすい記述法が必要である。

手話の記述法にはこれまでStokoe法(Stokoe 76)やSignWriting法(Sutton 81),HamNoSys法(Prillwitz 89)などが提案されてきているが,

---

3 sIGNDEX法:日本手話学会元会長の神田和幸中京大学教授や工学院大学の長嶋祐二教授などと開発した手話の表記法である(市川01b)。sIGNDEXはsign(手話)とindex(索引)を組み合わせた造語である。

いずれも特殊な記号を用いている。

　我々が開発してきたsIGNDEX法は，標準的な計算機で用いている記号のみで非手指信号[4]（NMS：Non Manual Sign）を含め手話文を記述することができる（市川 01b）。

　日本語を文字ラベルに用いるためには漢字仮名混じり文が最も理解しやすい。しかし計算機処理を行うこと，さらに国際的利用を前提とするとラテン文字（ローマ字）表記が効率的である。通常，文字表記には分かち書きが必要だが，英語のようなブランクによる分かち書きは計算機処理上では問題があり，また広く手話表記で利用されている大文字表記は文レベルで問題が生じると考えられる。また他の記述法に見られるようにNMSが上線上に書かれるなど複層表記がなされると手書きはしやすいが，計算機処理には向かない。したがってより効率的な処理を目指すことを考慮すると1次元的記述は重要な要求である。さらに計算機処理を考慮し，一般のパソコンのキーボードにない特殊記号は使用しない。

　このような視点から手話の記述法としてsIGNDEX法を検討し，システムを発表すると同時に記述例を公表した。

　まず手話記述法sIGNDEX V.1では基本語彙を選出し，その記述とその実例を公表している。

　sIGNDEXの開発概念と特徴を以下にまとめる。

(1)　手話のラベルであって，調動[5]との関係は動画で別途与える。

(2)　手話のインデックス（index）であって訳語ではない。ただし，連想の容易なものとする。訳語ではないことを示すため先頭文字を小文字，以下を大文字とし他の表記と区別する。

4　動作と信号：本書では，手指や身体の部位の物理的「動作」を，手話対話における言語的情報という視点から捉えたときに「信号」という記述を行い，区別する。

5　調動：手話を表現する動作。音声を作り出す「調音」に対応する概念。

(3) 他の手話記述法と異なり，写像的表記法ではない．
(4) 発音記号のように調動を記述するものではない．
(5) NMS が記述できる．
(6) 同時的表現や型残りが記述できる．
(7) 汎用のパソコンで取り扱える（特殊記号を用いない）．
(8) 線条（1次元）的に展開できる（現在のコンピュータの主流であるノイマン型での処理に向いた記述形式）．
(9) 電子化時代の標準的記述体系（SGML 系の XML，HTML，XHTML など）と矛盾しない記述法．

手話は対話言語であり，手話文の文法標識は NMS が関与していると推定される．しかし，どの NMS がどのように関与しているかはまだ明確になっていない．

そこで，まず sIGNDEX V.1 を基にした例文 100 文を収録し，例文解析作業を進めながら NMS を抽出し，その表記記号を定義し確定することとした．これらの作業で確定される NMS を含む表記法を sIGNDEX V.2 と呼ぶ．

例文を解析記述する上で，ネイティブサイナに協力をお願いした．作業は先ず収録した例文映像から日本語文を書き起こした．次に，例文中に表出されている手話語彙を抽出し，日本語ラベルで記述した．この段階で手話文と日本語文の語順の差が明確になる．さらにこれらの語彙記述を全て sIGNDEX に変換する．sIGNDEX V.1 で公開した語彙リストに含まれていない語彙は追加語彙として登録する．

次に工学院大学と千葉大学で開発した 2 次元表示の手話解析ツール[6]を用いて，例文中に表出される NMS の抽出作業を行った．各例文中の NMS について，規則を定義し，記号を割り当てていく．例文を解析し，文レベ

---

[6] 2次元表示手話解析ツール：メンテナンスなどを考慮し，最近では国際的に汎用なマルチメディア記述ツールである ELAN を利用している（ELAN 10）．

表4-1 sIGNDEX 表記法

内容	記号	説明
sIGNDEX 開始	<sIGNDEX>	HTML 用シフト記号
sGNDEX 終了	</sIGNDEX>	HTML 用シフト記号
逐次的結合	記号なし	
同時的配列	＋	
選択的配列	（ ）	
補足説明	：	記号に対する補足説明
保持	＆	同化現象（順行，逆行，混同）
	＆［ ］	型残りや同化方向の単語を記述する （直前の［ ］の内容を保持する）
	＆［ ］-W	直前の［ ］の弱手（weak hand）を保持する
	＆［ ］-S	直前の［ ］の強手（strong hand）を保持する
語彙	＃	画像特徴などで人間の直感による，「わたり」 から語形成への変化点
ポーズ	／	
文末	／／	
非手指信号開始	＠	＠記号列1……＠＠記号列1
非手指信号終了	＠＠	
交差的配列		＠記号列1＋＠記号列2…… ……＠＠記号列1……＠＠記号列2

（出所）　市川 01b。

ルの記述で必要と思われる表4-1のような記号を定めた。

　NMSを表出する眼，眉，口などの動作要素を抽出し，記号化を行う。記号化された動作要素の一覧を表4-2に示す。なお，手話文を解析・記述する段階で様々な記号が必要になる。これらの記号についてはある程度先験的に想定し，作業を通じて逐次，追加，削除，訂正を繰り返していく。

　図4-4に例文の2次元表示による解析例を示す（神田，長嶋，寺内）。
　計算機処理を考慮すると線条（1次元）的に記述されることが望ましい。

表4-2 sIGNDEX表記法 NMSのグループと各記号数

内容	記号	記号数
指差し pointing	pT＊＊	10
目線 eye sight	eS＊＊	12
顎 jaw	jW＊＊	7
眉動作 eye brow	eB＊＊	4
眼 eye	eY＊＊	6
口角 corner of lips	cL＊＊	2
頬 cheek	cK＊＊	2
舌 tongue	tN＊＊	5
首 head	hD＊＊	11
口型 mouthing	mO＊＊	19
唇 lips	iP＊＊	5
歯 teeth	tH＊＊	2
肩 shoulder	sH＊＊	3
姿勢 body posture	bP＊＊	8
合計		96

(注) ＊＊は下位分類の記号が入る（1また2大文字）。
(出所) 市川 01b。

 しかしながら，人間が記述結果を解析する場合は，2次元的に表記された方が理解しやすい。NMSなどはグループごとの異なるライン上に記述する。したがって，計算機処理対応表記と研究者対応の併用が必要となる。

 例文解析作業で使用している手話文解析ツールでは2次元上で記述を展開し，解析後自動的に1次元表記に変換される。

 複数話者の対話を分析する場合はこの2次元記述により，各項目の相互の時間的関係などを見ることが可能である。

 なお，NMSは開始と終了の位置を示すことが必要であり，表4-1のように@と@@の記号で表現する。これは機能面に注目した「一つの発話，

Key sIGNDEX : nAKU							
Sentence : My son always cries and I am in trouble!(「私の息子泣いているばかりで困っているの！」)							
sIGNDEX : pT1N+@eYC mUSUKO+mOS-MUSUKO nAKU+&[KO]+@@eYC+@eYS+cLP tAKUSANN+@@eYS+@eYC+mOS-BAKKARI pTR:MUSUKO+pT3+@@eYC+eYB+hDT+mOS-PUI //							
Japanese Words	私	息子	泣く		沢山	pT3	
English Words	ME	SON	CRY		MUCH	pT3	
sIGNDEX	pT1N	mUSUKO	nAKU		tAKUSANN	pTR :MUSUKO	//
Pointing	+pT1N					+pT3	
Eye		+@eYC	+@@eYC +@eYS		+@@eYS +@eYC		+@@eYC +eYB
Corner of Lips			+cLP				
Head							+hDT
Mouthing			+mOS-MUSUKO	+&[KO]	+mOS-BAKKARI		+mOS-PUI

図4－4　sIGNDEX V.2による手話文2次元記述例
（出所）　工学院大学長嶋研究室。

または一連の複数の発話に一貫性を与えるための，個々の言語単位の発話の間の関連づけ」というプロソディの定義（藤崎 06）と一致している。

また表4－2のように，これらのNMSは範疇的情報として記号化をしており，従来の言語メディアの情報の分類定義の視点からは周辺（パラ）言語的情報にほぼ対応する文の構造情報であるといえよう（第9章第2節参照）。なお，本書の中心テーマである予告情報はプロソディの持つ非範疇的物理情報であり，sIGNDEXの記述の範囲を超える情報である。

4 ドラえもんの手話とお面の手話

手話というと，手指の形や動き（手指信号 MS：Manual Sign）が重要と一般には考えられている。しかし，手話動画の映像のどこをろう者が見ているのかをアイカメラで観察すると，実は顔の中心を見ている割合が非常に高いことがわかった（市川優 96；市川 05）。

また，指の形を表現できないようにしても（ドラえもんの手話），比較的自由に手話の対話ができるが，顔が見えないようにし，かつうなずきなど

の顔の動きもできないようにすると（お面の手話），手話対話を円滑に進めることができない（市川 05）。これらのことは，顔という非手指信号が重要なことを示しており，このことも手話においてもプロソディ情報が非常に重要なことを示している（神田 04）。

5　日本手話の非手指信号とプロソディ

　手話は実時間でのコミュニケーションが可能な性質を備えており，音声のプロソディに相当する情報が存在すると考えられる。手話には基本周波数は存在しないが，前節に述べたように，顔の表情や身体の動きなどの非手指信号（NMS）と，時間構造，動作の大きさの時間パターンなどがその情報を担っていると考えられる。

　図4-5に例示するように，また前項に示したように，手指の形や動き（手指信号 MS）よりも先天性の聴覚障害者（ネイティブサイナ）は顔の中心を見ている割合が非常に高い（市川優 96；市川 05）。指の形を表現できないようにしても，比較的自由に手話の対話ができるが，顔が見ないようにし，かつうなずきなどの顔の動きもできないようにすると，手話対話を円滑に進めることができない（市川 05）。NMSは音声におけるプロソディと同様の機能を持つものと思われる（土肥 02a）。

　時間構造とともに，これらのNMSを手話のプロソディと呼ぶことにする（市川 98）。

　モーションキャプチャにより作成したアバタ[7]（顔の表情はなし）を対象とすると，視線は顔から情報が得られないため，MSを頻繁に見るようになる（市川 05）。

---

[7] アバタ：データグローブなどを用い，手話者の動作情報を抽出し画面上のアニメキャラクターを制御して手話を表現する技法。インド神話に登場する神の名前に由来する。一般的には画面上の分身として用いられている。

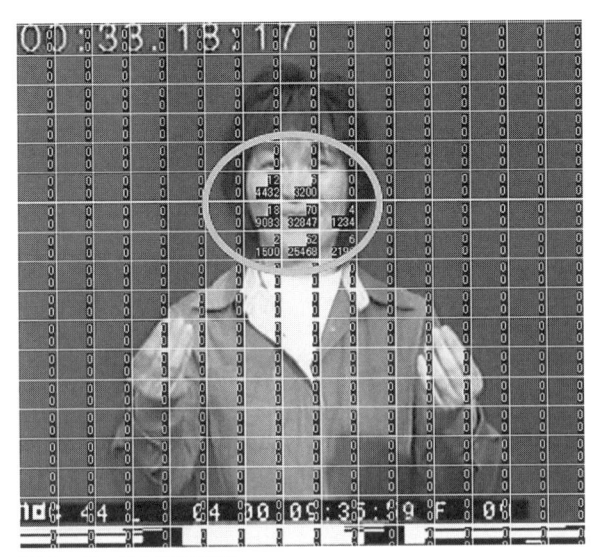

図4−5　ろう者の視線
（出所）工学院大学長嶋研究室。

　なお，主に言語的情報を担っていると考えられる MS よりも，ろう者がプロソディ情報に対応すると思われる顔を中心に読み取っているということは，逆に言えば，MS は言語的情報として学習により獲得された安定した表現になっているものと考えられる。

　MS が周辺視で容易に読み取れるのに対し，音声における副詞や形容詞などに対応する修飾情報は，手話では動作の大きさや表情で表される。修飾情報は手話では語彙化されていない場合が多い。この修飾情報や，対話時点ごとにその場での状況により発話者の感情や体調などの情報が表れる代表的 NMS である表情の読み取りが重要であることを示唆している。

　このことは，手話では NMS の重要性を示しており，ネイティブサイナの読み取りに MS に対する負担を意識させないためには，NMS に一定以上の表現力の存在していることが前提になっているともいえよう。

　なお，音声対話では「あいづち」は音声で「はい」「うん」などと発声

する場合や,「うなずき」で表し発声しない場合や両者を同時に表すこともある。手話でも MS で手話単語の「同意」などの表現で表す場合と「うなずき」で表す場合や,両者を同時に表現する場合などが見られる。今後検討すべき課題が残るが,本書では「うなずき」は「言語的情報」ではなく,NMS として扱うこととする。

6　日本手話の時間構造とプロソディ

1　メトロノーム手話と文構造抽出

　手話を母語としている人にとって,手話表現における時間感覚がどのようなものであるかを調べた。一定間隔で振動する振動子を身体に付け,そのタイミングに合わせて手話を表現させた (平山 00c)。

　その結果,手話単語から次の手話単語に移る時点と振動の時点がほぼ一致することを見出した。この時点の間隔を手話単語間の関係の程度を表すものと仮定して,自然な手話文を分析し,係り受け関係の木を構成した (平山 01a) (図 4 − 6)。正解は,手話に熟達した複数の人が推定した係り受け関係とした。その結果,分析した手話文の約半数が正解であった。

　推定誤りの多くは,両手の相互位置関係や手話表現を行った空間位置の利用など,空間関係で係り受け関係が表現された部分であった (平山 01b)。

2　手話における首動作

　手話には音声の基本周波数 $f0$ は存在しない。したがって $f0$ が担っていた機能が視覚情報に存在するものと考えられる。例えば疑問や否定の表現である。これらの機能が手話では首の動作に存在している。

　ここではその視点から sIGNDEX の手話動画を解析し,その機能の存在を調べた。

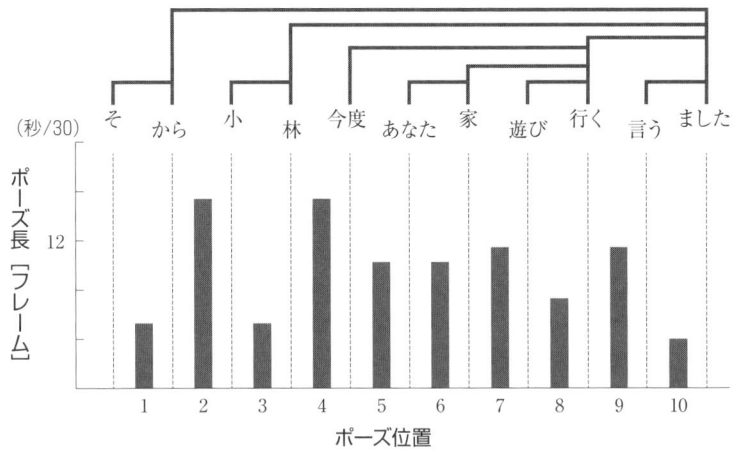

図4-6 手話文の木構造の例
(出所) 平山 01b。

首動作の分類

首動作を4種類に分類し分析を行った（土肥 02a）。

「うなずき」：首が下に動き出してから最下点まで下がり，その状態を保持することなく折り返し，首がほぼ元の位置まで戻ってくるもの。

「首下げ」：首が下に動き出してから最下点まで下がり，動きが暫く停止し，その後首がほぼ元の位置まで戻ってくるもの。

「首振り」：左右の方向に交互に首が1往復以上動くもので，ほぼ元の位置で停止するもの。

「傾け」：顎を支点として横方向に傾き始めてから折り返し（動きが止まり），ほぼ元の位置に戻ってくる動きをするもの。

発話と動作の時間関係

「うなずき」などの身体動作の時間関係は，「うなずき」を開始する時点を基準とし，発話開始時点と，発話終了時点のうち近い方からの時間を計測する。

過去の方向をマイナスとして符号を決める。したがって，発話開始時点との関係では，マイナスの場合，動作が先行していることを，終了時点との関係ではマイナスは発話と動作が重なっていることを意味する。

YES/NO 疑問文

解析対象の 100 例文中 24 文が YES/NO 疑問文であった。このうちの 15 例文（62.5%）に指差し pT2（相手を指差す動作）が提示されており，そのうち 13 例は pT2 の直前の手話単語の動きと同期して首下げが始まり，単語の終わりで折り返し，pT2 に同期して首が上がり元に戻った（「うなずき」）。また「手話動詞＋した」というような完了のような表現では「手話動詞＋した」を複合動詞的に解釈すると同様の時間関係が認められた（残りの 2 例）。

24 例のうち，上記 15 例文以外の残りのうちの 7 例では，文末の手話単語の中で同様の首下げ動作が認められた。

したがって，「手話単語＋pT2」も複合語的なものと見なせば統一的に解釈できるものと考えられる。

なお，他のろう者では，手話文の文末で「首下げ」が生じ，手の動作も暫く停止後，同時に開放される現象も見られた。

このような事例から，全体を通して見ると，首を下げるまでが YES/NO 疑問文の表現（標識）であり，首を上げる現象は下げる動作を開放する動作と解釈すべきという可能性がある。

WH 疑問文

100 例文中 12 例が WH 疑問文であった。そのうち「何？」が 8 例，「選択（どっち？）」が 2 例，「どうやって？」「どうして？」が各 1 例である。

12 例中 10 例（83.3%）には「首振り」を伴った。残りの 2 例は相手を見ながら（視線）首を横に向けていた。

また，疑問の手話単語を表現せず「首振り」で疑問の意味を表す表現も見られる。対話音声で疑問の助詞を最後に付けず語尾の基本周波数 $f0$ を

上げて疑問を表現する現象に類似していると思われる。

　否定の首振り

　否定的意味を伴わない文章に「首振り」が生じているものが見られる。これらは「首振り」により否定を表している。例えば「本を買った」に「首振り」が伴うと「本を買わなかった」という意味になる。

　並列表現

　名詞が連続して表現される場合，先行名詞が後続名詞を修飾している場合と並列表現の場合が存在する。後者の並列表現の場合，先行名詞の語尾に「うなずき」や「首下げ」[8]が生じる。例えば「紅茶とコーヒー」「船と自動車」などである。

　接続詞的機能，主題化機能

　対立意見手話対話から話し手の「うなずき」の発話との時間関係とその機能を分析した（堀内 07a）。

　発話末の最後の1動作に「うなずき」の最下点が重なっているものを「同期うなずき」，発話最後の単語より遅れて「うなずき」の最下点が表れるものを「後続うなずき」とした。「同期うなずき」は「話者継続」の場合にも「話者交替」の場合にも生じるが，「後続うなずき」は「話者継続」の場合にしか生じない。

　「後続うなずき」の表れる前後の発話内容の関係を見ると，両者は意味的に繋がりのある発話内容となっている。両者の関係は，ネイティブサイナによる判断に従うと，順接や仮定などの関係（接続詞的機能）あるいは

8　音声における並列表現：本来の日本語音声では，「○と（f0上昇），○（f0下降），○（f0下降），……」のように基本周波数の変化で並列表現がなされ，英語音声では，「○（f0上昇），○（f0上昇），……，（f0上昇），and ○（f0下降）」のようにf0のプロソディの表出が現れる。なお，最近の若者の日本語では，英語の影響と思われる英語式の表現が多く，日本語音声でも，「○（f0上昇），○（f0上昇），……，（f0上昇），と○（f0下降）」という表現がかなり見られ，その不自然さを感じない者も多くなってきている。

主題化の機能が存在することがわかった。また，「同期うなずき」で「話者継続」に表れたものも接続詞的機能と解釈された。

「後続うなずき」は手話動作と同期してはいないので，それ自体で言語的機能を有しているということは，それ自体「言語的情報」と見なすべきかもしれない。言い換えれば「手話」を「手指信号」のみを「言語的情報」とするのではなく，「身体動作言語」と見なすべきことを示唆している。

この事実は，非手指信号の機能を全て音声におけるプロソディ機能と対比させて狭く解釈するべきではないことを示しているといえよう。音声言語でも，中国語などのトーン言語では $f0$ の情報である四声が言語的情報を持っている例があるのと同様である。他の例も含め，今後の検討課題である。

3 対話のリズムとうなずき

図4-7に示すように，手話を母語とするろう者の手話の手の運動を周波数分析すると，2つの山が存在することが観測された。300ミリ秒以下（3Hz以上）と400ミリ秒以上（2.5Hz以下）に分かれている（市川98）。

これに対し，母語としない健聴者の手話では，このような2つの山は観測されない（図4-8）。

音声のリズムに関する河野の報告と一致することがわかる（Kohno 92）。日本手話においても論理的リズムと直感的にパターンとして処理されるリズムがある可能性を示唆している。

対話中では話し手は手話を使って情報を発信しているだけではなく，聞き手の反応を受け取っており，聞き手の振る舞いが話し手に影響を与える。聞き手の反応の違いによって話し手の手話にどのような変化が現れるかを調べた（土肥02b）。

実験は，プロンプタにより，相互の視線が合う状態で行った。聞き手と話し手の役割を固定し，話し手が聞き手に一方的に手話で話しかけるもの

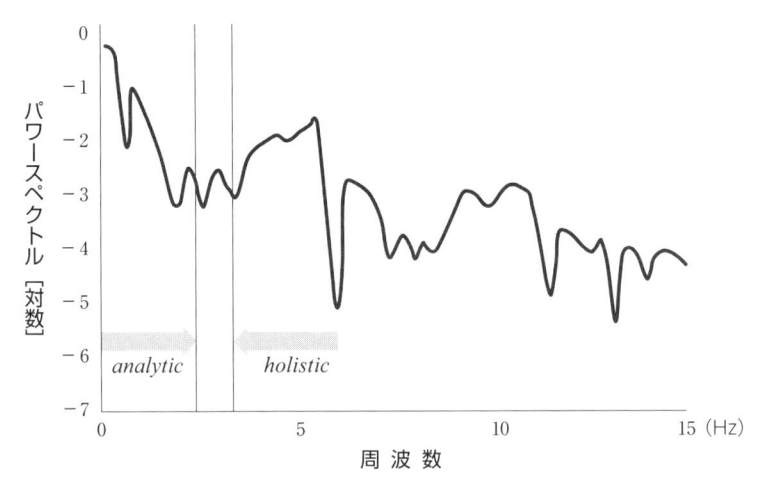

図4−7 ろう者の手話の手の運動の周波数分析
(出所) 市川 98。

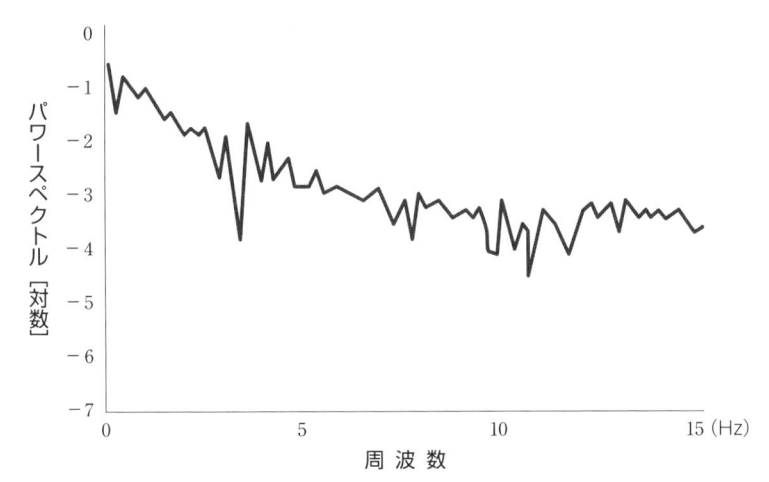

図4−8 健聴者の手話の手の運動の周波数分析
(出所) 市川 98。

とし，聞き手はそれに対し一定の制約条件で「うなずき」を返す。

初対面のネイティブサイナで行った。ろう者は聞き手が健聴者であると気付くと健聴者向きに日本語に近い手話に変化する恐れがあるからである。

6　日本手話の時間構造とプロソディ

また，日常相互に親しい者の間では，相手の癖を知りすぎていると制約に気付き，実験の意図がわかってしまうため，初対面の組み合わせとした。
　実験の初めに20分程度普通の会話を行ってもらい，相互にネイティブサイナであることを確認してもらっている。また実験の目的は聞き手のみに説明し，話し手には実験意図が伝わらないように配慮した。
　聞き手の「うなずき」の条件は次の通りである。
　自由：首動作による「うなずき」のみを適当なタイミングで入れてもらう。
　リズム：メトロノームのような振動を用いて，そのタイミングに合わせて「うなずき」をしてもらう。「うなずき」間隔は1秒，3秒，4秒の3通りである。
　「うなずき」なし：聞き手は相手に視線を向けたままで「うなずき」や手話の表出をしない。
　予備実験により，聞き手が話し手を見ることができると，聞き手は自然に反応してしまうことがわかったので，リズム条件と「うなずき」なし条件では，聞き手には黒い画面を提示し，話し手の状態が見えないようにした（残念ながら，その影響による微妙な視線の不一致が話し手に若干の影響を与えている。黒い画面の代わりに話し手の静止画を置いてもその影響は除去し切れなかった）。
　実験は1分半程度の「自由」で挟んで3秒，1秒，4秒のリズム，「うなずき」なし，フリートークを連続して実施した。各条件は4分とした。最後にフリートークを行い，実験終了後，実験に対する質問を行った。各条件に対する印象は，
　3秒：多少の違和感もあったが気にしなかった。
　1秒：少し違和感があったが，このように頻繁に「うなずき」をする人かなと思った。
　4秒：自分の話がつまらなく，興味を持っていないのかなと思った。

「うなずき」なし：聞き手が何を考えているのかわからなかった。眼が合っていないというよりも話し手に集中していないと思った。途中で話し続ける気がなくなり，手話が止まった。

フリートーク：手話が出てきたので，自分に興味を持ち出したと思い，嬉しくなった。

条件の変化に気の付かなかった3秒を除く各条件について，「うなずき」「瞬き」「視線」「表出語数」「文数」などの解析を行った。話す内容を考えるなど手話の止まった区間については解析の対象から除いている。各条件における「話し手」の振る舞いを表4－3に示す。解析時間は各条件ともおおむね3分30秒程度である。

自由うなずき条件では，「聞き手」の「うなずき」は1秒当たり0.841回であった。175回の「聞き手」の「うなずき」のうち，「話し手」の「うなずき」の直後が48回，同時が33回，「話し手」の動作への同期が24回あった。「聞き手」の「うなずき」が「話し手」の手話に対し適切な「うなずき」の反応をしていることから，「聞き手」は「話し手」の手話内容を予測していることを示していると考えられる。

単語の表出頻度は，「聞き手」の「うなずき」間隔が長いほど低く，「うなずき」なしでは特に少ない。「聞き手」の「うなずき」がないと話しづらいことを示している。「うなずき」と「瞬き」は大きな差はないが，1秒間隔という「聞き手」の速い間隔の「うなずき」に対しては「話し手」の「うなずき」頻度も高く，「聞き手」に反応していることがうかがえる。「視線逸らし」は「うなずき」なしで大幅に増えている。特に後半で「視線逸らし」が増加しており，「聞き手」は自分の話に関心がないと感じていることと関連が高いと思われる。「うなずき」なしでは表出文も短く，ロールシフト（RS）[9]も出現していなかった。表4－4に各モードでの表出

9　ロールシフト：手話言語におけるロールシフトとは，話者が現在の話者以外の他者（過去／未来の話者も含む）の役割を演じること。

表4-3 各モードでの話し手の振る舞い

	分析フレーム数	単語数	うなずき回数	瞬き回数	視線逸らし
自由うなずき	6239	1.55	0.68	1.23	0.29
1秒リズム	7056	1.62	0.83	1.28	0.34
4秒リズム	6414	1.49	0.66	1.16	0.32
うなずきなし	6720	1.19	0.62	1.10	0.45
自由うなずき2	1800	1.98	0.73	1.38	0.38

(注) 分析フレーム数以外は毎秒当たりの回数。
(出所) 土肥 02b。

表4-4 各モードでの表出文の構造

	文数	平均文長	平均語数	文節数	平均文節数	RS回数	RS割合
自由うなずき	25	8.3秒	12.9	24	0.96	7	29.7
1秒リズム	14	16.8秒	27.2	13	0.93	22	10.7
4秒リズム	14	15.3秒	22.7	13	0.93	7	30.5
うなずきなし	20	11.2秒	13.4	13	0.65	0	—

(注) RS：ロールシフト。
(出所) 土肥 02b。

文の構造を示す。

これらの結果は，「話し手」は「聞き手」の反応に影響を受けることを示しているといえよう。言い換えれば，「聞き手」の「うなずき」は「話し手」の発話を助ける機能を持っており，円滑な対話のリズム形成に対して重要な役割を果たしていることを示している。

4 手話対話における話者交替

同じような条件である音声の対立意見対話と手話の対立意見手話対話における対話状況全体を表に比較する（表4-5）。日本手話の方が重複発話の比率が音声に比べ倍以上になっている（堀内 06）。

話者交替と話者継続の部分に関して，ポーズを挟む話者交替とポーズを挟む話者継続，及び発話重複のある話者交替の比率を見ると（表4-6），

表4－5　日本手話と日本語音声の対話における発話区間の頻度

	日本手話	日本語音声
休止区間	16.5%	22.5%
単独発話	69.9%	71.6%
重複発話	13.6%	5.9%

（出所）堀内 06。

表4－6　日本手話と日本語音声の話者交替現象の頻度

		日本手話	日本語音声
ポーズあり	話者継続	52.4%	52.6%
	話者交替	14.0%	25.1%
重複交替		33.6%	22.3%

（出所）堀内 06。

継続と交替の比率自体は音声と手話とでほとんど同じであるが，話者交替における重複発話の比率が手話の方が大幅に多いことがわかる。

　また日本手話では話者交替時の重なりが長いということが観察されている。音声は重なると衝突し，発話を妨害するのに対し，視覚メディアである手話は相互に干渉しないためと考えられてきた（堀内 06）。

　しかしよく内容を見てみると手話で重なりが生じている部分のほとんどは音声対話における移行適格場（TRP）と同様の内容の部分であった（齋藤 09：菊池浩 09）。言い換えれば，メディアの違いではなく，音声も手話も話者交替規則はおおむね共通であり，認知レベルでの衝突がない区間という意味では同じであると考えてよい。対話言語の比較により人の言語活動の本質を見出すことの可能性を示している一例である。

　いずれにしても話者交替時に重複発話が現れるということは，聞き手が話者交替を予測していることを示している。第7項に示すように，単語の予測が「わたり」で行われていることからも，話者交替に関しても何らかの予告情報が与えられているものと考えられる。また観察した印象として

は，音声の場合と同様（第7章第2節第1項参照），交替時に先立って話し手は聞き手を見る傾向が強い。

なお日本手話における話者交替については第2章第1節第1項の視点から詳細に対話分析をした研究がある（菊池浩 09）。TRP の位置を「予期[10]」するリソースとして，統語論的リソース，イントネーション的リソース，語用論的リソースが確認されているが，主に統語論的リソースによっており，イントネーション的リソースと語用論的リソースは単独ではほとんど表れず，統語論的リソースとの組み合わせによっている。したがってここでも対話音声の場合と同様に統語論的リソースからどのような処理で予期可能としているかが問題になろう。

手話の場合，何を手がかりに予測しているのか，手がかりを与える予告情報に関しては今後の検討課題である。

5　手話における視線

手話では，話し手は自分の前の部分空間に人や物があると見なして，指で指したり視線を向けたりして代名詞のように用いる。

また，日本手話では，発話権を保持する意思表明として，相手から視線を逸らしたり，逆に発話権を譲る意思表明として，譲り先の人（聞き手など）に視線を向ける動作を行う。

この事実は，菊池浩 09 によっても，発話権の移動は，前項に述べた予期のためのリソースと視線による話し手と受け手の間の相互行為的視線の一致が必要であり（話者交替の秩序），受け手はそれを待つか要求して後続発話を開始するのが原則であると報告されている。さらにこの秩序からの逸脱には，会話の連鎖を止めるのではなく，対話の流れを修正するなどの積極的機能を持つ管理的側面が存在することが指摘されている。

---

[10] 「予期」と「予測」：菊池浩 09 による「予期」という用語は本書の「予測」の意味で用いられていると思われ，本書の「予期」とは異なる。

6　手話文理解とプロソディ

手話でも，音声と同様に（北原 87b），プロソディ機能に対応する情報を外すと文の理解は約80％から50％程度に低下することが観測される（大高 04a）。

7　手話における「予告」と「予測」機能

手話においても，予測機能が存在していることを示唆する結果が報告されている（市川優 96）。

先天性のろう者はほとんど単語の始まった時点（単語全体の約15％）で正解を得ているが，手話通訳者は約25％程度必要であり，手話の初心者は約60％（手指の形が完成した時点）を見ないと正解できなかった（図4－9）。生理的身体的制約の下での単語から単語への自然な移行（「わたり」）の中に単語情報が存在し，日常のその動作を通して「わたり」の動作の中

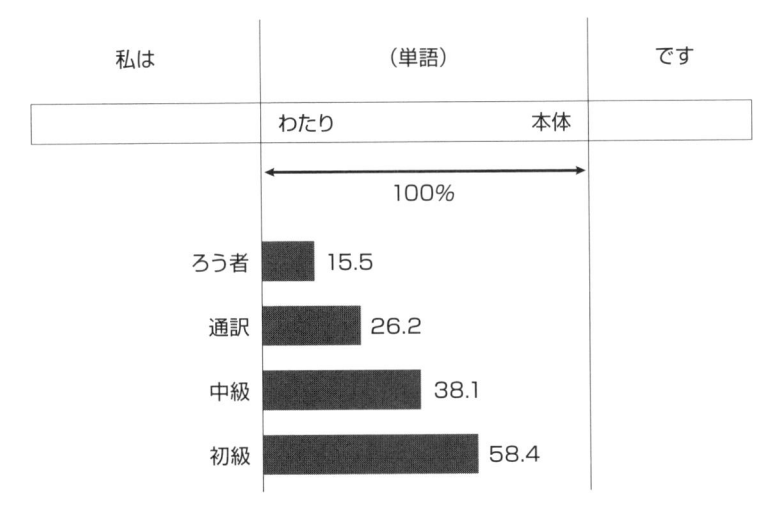

ろう者は手が動き出すと直ぐに単語を予測！

図4－9　手話の単語予測
（出所）　市川優 96。

に「予告」情報が存在し，その学習を通して次の単語の情報を「予測」する能力が身に付くのであろう。これは，実時間理解に有利な構造となっている。

これらのことは手話伝送条件の中でフレームレート，言い換えれば手話動作の時間構造が重要なこと（本章第 10 節第 1 項参照）からも推測されることである（中園 05）。

なお，音声話者と手話話者の認知処理の速度に差があるとは考えられないが，音声の「調音器官」（口など）の運動速度と手話の「調動器官」（指，手や腕など）の運動速度に差があることから，物理レベルの情報であるセグメンテーションや構文構造，話者交替などの「予告」情報の構造が異なることは当然ながら考えられよう。

7 日本語対応手話のプロソディ

揮発性の実時間対話言語にはプロソディの存在が不可欠であるとの本書の前提に立てば，日本語対応手話者が円滑に対話を実現していることを考えると，そこにもプロソディが存在しているはずである。

実際，日本語対応手話には日本語音声と類似した時間構造のプロソディが存在する（市川優 96）。

表 4-7 は手話通訳者が行った日本語対応手話の時間構造を分析したも

表4-7 日本語対応手話のリズム

単語	開始点	終了点	単語長	モーラ数	モーラ数で正規化	強勢	強勢で正規化
髪を上で縛った	100	142	41	10	4.1	1	41
お姉さんが	152	171	20	6	3.3	1	20
コップを持って	187	215	29	7	4.1	1	29
歯を磨いています	224	264	41	9	4.6	2	20.5

（出所）　市川優 96。

のである。ビデオのコマ数（フレーム数）で表されている。手話単語に対応する日本語音声の拍数（モーラ数）で手話単語の長さを割った値を見るとおおむね4フレームとなっている。ビデオでは1秒間に30フレームであるから，おおむね1拍の長さは130ミリ秒程度であり，日本語音声の拍（モーラ）の長さにほぼ一致する。言い換えれば，日本語対応手話は，日本語音声の時間構造となっており，日本語音声と同じ時間構造のプロソディを持っていることを示している。

このことは，日本語対応手話を用いる中途障害者は，獲得していた日本語のプロソディである時間構造を利用して実時間での対話を行っていることになる。一方で，日本手話とは異なるプロソディ構造を持っているため，日本手話を用いている人にとってはあたかもプロソディが存在していないように感じることになろう。

8　手話CG

1　手話CGへの要求条件

日本手話のネイティブサイナ（手話を母語とするろう者）にとって日本語はある意味で外国語的存在である。大地震や乗車中の突然の電車事故などの緊急事態では，日本語による文字情報が提示されたとしても，心理的余裕がなく，母語である手話による情報提供が望ましい。このような状況では当然ながら容易に読み取ることの可能な心的負担の小さい質の高い手話表現が求められる。

そこで，状況の変化などに対する迅速かつ柔軟な情報提供には，読み取りの容易な質の高い手話CGによるアニメーションの実現が望ましい。また，医療現場のように当事者のプライバシーが関係してくる場面では，手話通訳は人間であるよりも，通訳システムが望ましい。心理的に緊張し負担が増大していることも考えられ，やはりそこでも手話CGアニメーショ

ンが必要になろう。

なお，実映像による手話表現は，自然で読み取りが容易であるが，手話者の肖像権などの問題が存在する。

さて，本章第5節に記述したように，主に言語的情報を担っていると考えられる手指信号（MS）よりも，ろう者がプロソディ情報に対応すると思われる顔を中心に読み取れているということは，逆に言えば，MS は学習により獲得された安定した表現になっており，周辺視で容易に読み取れ，MS にネイティブサイナの読み取りに負担を意識させないだけの一定以上の表現力が存在していることが前提になっているともいえよう。

緊急事態での情報提供の場面では，対話時点ごとにその場での状況により発話者の感情や体調などの情報が表れやすい代表的非手指信号（NMS）である表情は，むしろ冷静な表現になっていることが望ましい。

このように考えると，要求の高い場面での手話 CG では，よく指摘されている NMS の実現の重視よりも，言語的情報を表す質の高い MS と実時間理解を支援する側面からの時間構造としてのプロソディ情報の実現が先決だと考えられる。時間構造としては，後続する手話単語の予測が可能な運動と，手話文の構造を反映した時間配置である。

2　手話 CG の実現方法

手話 CG の実現方法としては，大きく分類すると以下のような種類が考えられよう（堀内 08）。

a　**全データ収録型**：人間が行った手話文全体をモーションキャプチャとデータグローブにより取得し，CG アニメーションで再合成する方式。人間らしい表現が再現されるが，提示文の変更には再収録が必要になり，臨機応変な対応が難しい。

b　**単語接続型**：

　　b-1　単語データ収録型：単語の「本体」部分はモーションキャプ

チャとデータグローブにより取得し,「わたり」を規則により合成する方式。「本体」部分は人手によるので自然であるが,単語を予測する上で重要な「わたり」の質がポイントとなる。単語は収録したものに限定されるという欠点が存在する。

b－2　全規則合成型：本体部分も含め全て規則により合成する方式。本体部分を含め任意の手話文の合成が可能であるが,現状の知見では質の高い規則の実現が難しく,不自然な手話となり,要求条件を満たすのは難しい。

　さて,過去における緊急事態における音声や文字による通報や医療現場での通訳の実態を見ると,それぞれの場で表れる手話の語彙の種類は意外に少ないが,状況により文体は様々である。そこで,ここではb－1の単語データ収録型を対象とし,「わたり」表現の手法を検討した。本体は実測データからの情報になるので,言語的情報の質は保証される。CGソフトとしては株式会社アトムが開発したBot3D Engine for Sign Language（以下Bot3D)[11]を用いた（図4－10)。

　予告情報を持つ「わたり」の実現方法としては,従来CG（b－2）にしても実映像（b－1）にしても,直線内挿方式（実映像ではモーフィングなども）をとるものが一般的であった。しかしこの方式は不自然でネイティブサイナからは極めて不評である。おそらく「わたり」での予測が困難で,心的負担が大きいためと思われる。

　「わたり」の生成には,「わたりの時間長」「わたりの軌跡」「わたり区間内での速度制御」を決定しなければならない。

　そこで,ここでは本章第3節第1項の結果などを参考に,改めて3000語程度からなる手話データを解析し,外れ値上下10％を除いたデータから時間長の式を求めた（大高06；山崎07）（図4－11）。

11　Bot3D Engine：©2002-2007 by Ryoichiro DEBUCHI / atom Co., Ltd.

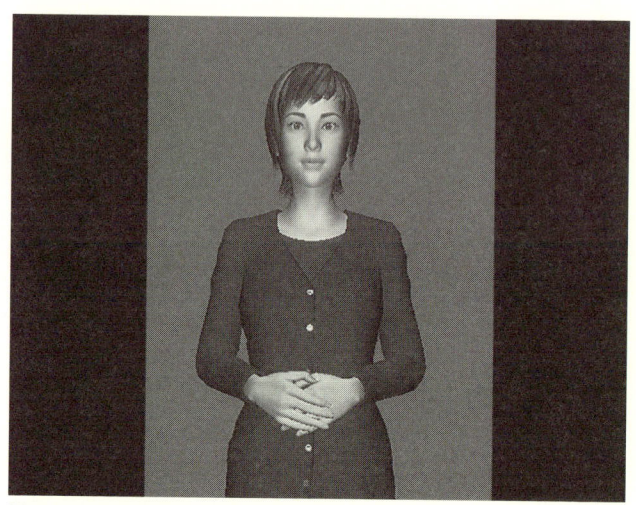

図4-10　手話CGの例　Bot3D
©by Ryoichiro DEBUCHI / atom Co., Ltd.

回帰式は以下のようになる。

「わたり時間長 t_j」（フレーム数）＝ 0.31 ×「移動距離」＋ 5.59

「わたりの軌跡」と「わたり区間での速度制御」に関しては，人間の運動軌道生成モデルである，加速度の連続性を考慮した躍度最小モデルを採用した。躍度（加速度の微分）の運動全体に関する積分を評価式としたモデルである。評価式は，

$$C_J = \frac{1}{2}\int_0^{t_f}\left\{\left(\frac{d^3x}{dt^3}\right)^2 + \left(\frac{d^3y}{dt^3}\right)^2 + \left(\frac{d^3z}{dt^3}\right)^2\right\}dt$$

となる。

ここで t_f は運動に要する時間長であり，x, y, z は3次元座標空間での座標値である。この評価式が最小になるような x, y, z 座標を求めると，加速度変化が最も滑らかな運動を表すことになる。開始時と終了時で速度と加速度が0となる制約の下でのパラメータを求めると，モデル式は以下

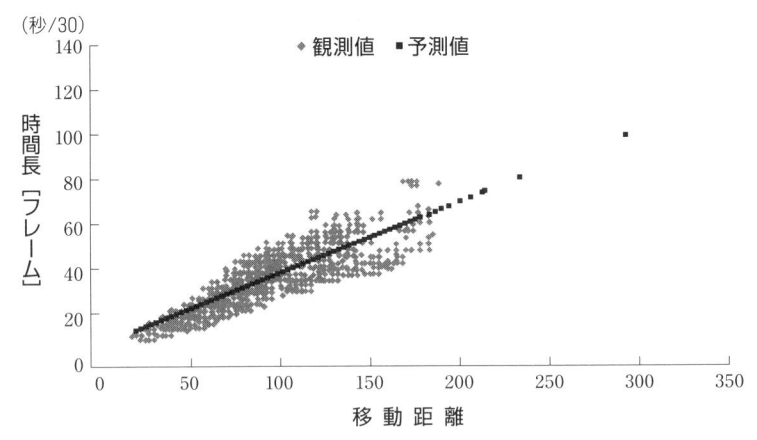

図4－11　運動の時間長の回帰直線
（出所）山崎 07。

のようになる。

$$x(t) = x_0 + (x_0 - x_f)(15T^4 - 6T^5 - 10T^3)$$
$$y(t) = y_0 + (y_0 - y_f)(15T^4 - 6T^5 - 10T^3)$$
$$z(t) = z_0 + (z_0 - z_f)(15T^4 - 6T^5 - 10T^3)$$

ここで，(x_0, y_0, z_0)は運動の始点の3次元座標であり，(x_f, y_f, z_f)は運動の終点の3次元座標である。また$T=t/t_f$　$(0 \leq T \leq t_f)$であり，運動時間で正規化した時間である。図4－12に躍度最小モデルによる速度変化を示す。

このモデルでは軌跡は直線となる。実際の手話では軌跡は生理的制約などにより直線とはならないが，現時点では合理的な軌跡観測法の開発までに至らず，この直線モデルを用いてCGの作成を試みた（木下健 06；堀内 08）。

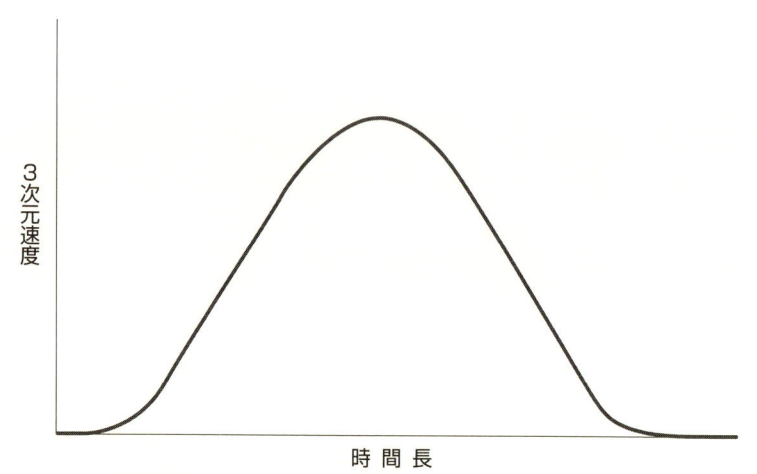

図4−12　躍度最小モデルによる速度変化
（出所）　山崎 07。

3　手話 CG の評価

既存の製品である Mimehand II[12] との比較を行った（堀内 08）。

ろう者に手話文 20 文を演じてもらい，出現単語数から 16 文を選択した。それぞれの単語合計が 42 語となるように 8 文ずつ前後 2 グループに分けた。異なり単語数は 32 語であった。Mimehand II と提案モデルの手話文の全長が一致するように調整した。Mimehand II では「わたり」は 6 フレーム一定の直線である。

2 グループの順序と Mimehand II 及び提案モデルの順序がそれぞれ異なるように組み合わせ，4 名のろう者に評価してもらった。評価は，正解単語数と主観評価によった。Mimehand II 及び提案モデルで同一の手話文が提示されるため，後のデータは学習効果が生じ，正解単語数は良くなるが，逆順の場合との組み合わせで，相対的良さは評価が可能である（図4−13）。

Mimehand II と提案モデルの順では，74％と 86％で 12％の差，逆順で

12　Mimehand II：日立製作所の商品名である。

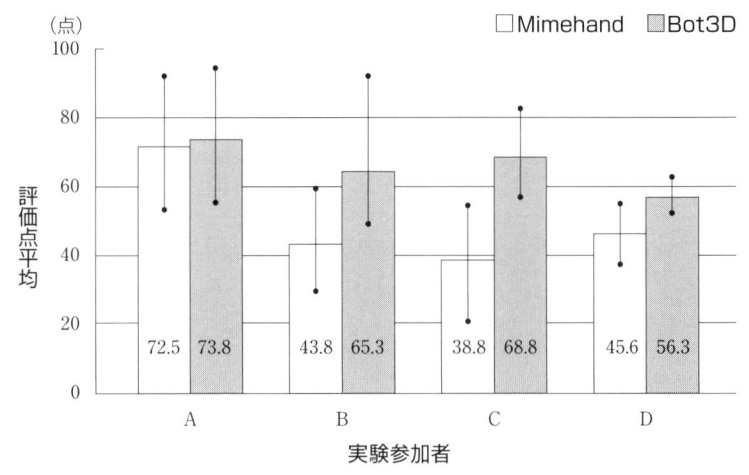

図4−13 CGの主観評価結果
（出所）堀内 08。

は82％と86％で4％差となり，提案モデルの方が優位であった。4名の主観評価結果は日常的に個人でMimehand Ⅱを使用している1名を除いた3名については，有意水準1％で提案のBot3Dによるものの方が評価が高かった。日常的に個人でMimehand Ⅱを使用している1名も単語正解率は74％と81％で提案モデルの方が結果は良かった。

同じ提示時間でありながらBot3Dはゆっくりに見えて読み取りやすいという評価であった。

以上の結果から，自然な手指などの運動軌跡をどう実現するかという課題が残ってはいるが，「わたりの時間長」や「速度配分」というプロソディ情報が読みやすさに貢献することが確認されたといってよいであろう。

9 手話の学習

音声の実時間理解にはプロソディが重要であることを明らかにしてきた。

音声の検討は主に f0 を対象にしてきたが，時間構造も非常に重要であることも指摘した。同じく実時間対話言語で揮発性の言語である手話には f0 は存在しない。手話の重要なプロソディ情報としては時間構造があり，次節に示すように，手話映像の伝送にも極めて重要な要素である。

このように見てゆくと，日本手話を母語とするろう者にとって負担の小さい手話を健聴者が学習するには，日本手話の時間構造を学習することが重要であることと思われる。実際日本手話のリズムの学習に重点を置いた学習方式を採用すると，ろう者にとってわかりやすい成果が上がることがわかった（Tanaka 08a；Tanaka 08b）。

10 手話テレビ電話とプロソディ

1 画質特性

携帯テレビ電話が普及してきた。これを用いた手話対話の可能性を検討した。

手話は言語であり，その動画と一般の映像の動画とは，その認知特性が異なる。テレビ電話による手話通信は，一般の動画を対象とするテレビ電話とは条件が異なる。

実際，多くの人では，映像は右脳で処理されるのに対し，言語は左脳で処理されることが観測されている。右脳に障害があり，左半分の風景などを見ることのできない手話者が，手話を読み取るような症例が報告されており（Poizner 87），手話映像も左脳で処理されていることを示唆している。脳磁観測でも，手話者は手話を読み取るときに，音声言語話者が言語を処理している脳の部位と同じところで処理していることが報告されている。

手話の伝送条件としては，画素の細かさや，1秒間の伝送コマ数，画面の大きさ，遅延などがあり，さらに画素の細かさには，符号化時の画素数，表示時の画素数，画素数と画像の大きさとの関係，などが問題となる（中

園 05)（図 4 - 14）。

　図からわかるように，主観的評価である MOS 値が実用レベルの 3 以上の条件で見ると，伝送コマ数が最重要パラメータで 1 秒間に 10 コマ以上必要である。符号化サイズは 176 × 144 画素で十分であり，2 インチ以上では表示画像サイズの影響はない（中園 06a；中園 06b）。

　テレビの画面の一部を手話通訳に用いるのは，画面サイズが同一であっても情報量の違いがあるため，条件は不利になり，読み取りが困難になる（塩野目 04）。

　なお図 4 - 14 各条件における画面の情報量配分は，伝送量を第 3 世代（3G）携帯テレビ電話の 64kbit に収まるように画面内の配分を不均一にしている（Nakazono 06）。配分のための評価の結果は顔に重点的に配分する

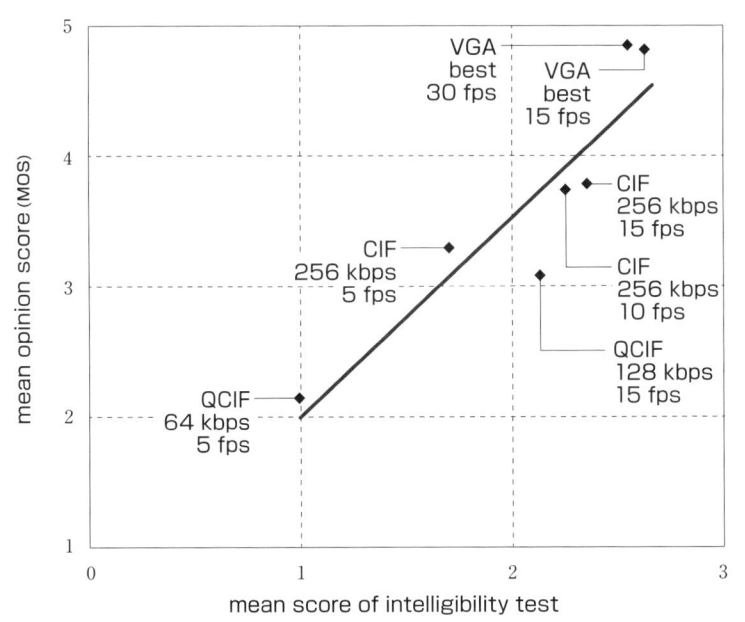

図 4 - 14　手話伝送条件と了解度，MOS
　（注）　画素数は，VGA：640×480，CIF：352×288，QCIF：176×144。
　（出所）　中園 06b。

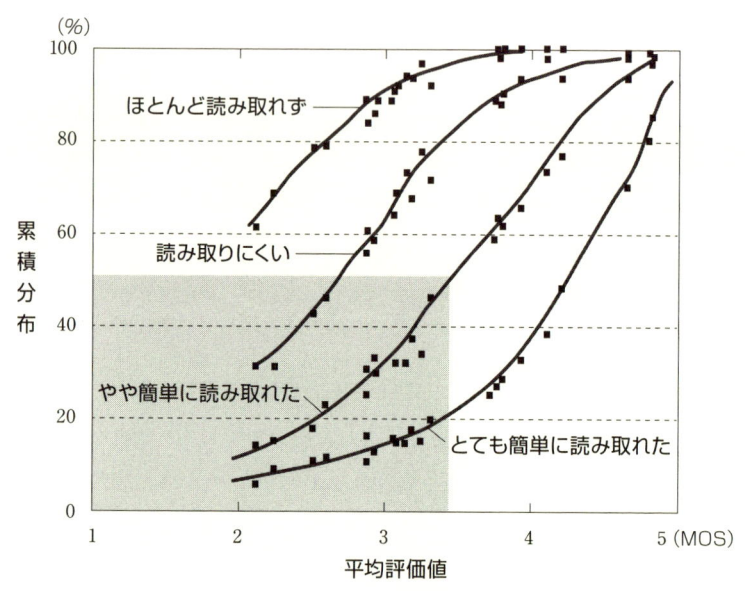

図 4 – 15　手話伝送における MOS 値の累積比率と読み取りやすさ
(出所)　中園 06a；中園 06b。

ことにより 3G のインフラの条件内に収まることがわかった。このことは本章第 4 節に記したように，ろう者は顔を中心に手話を読み取っているという結果と符合している。

　伝送コマ数が最も重要ということは，手話では手の動きや非手指信号の動きがプロソディ情報として重要であることを示唆している。伝送コマ数が多いと，「わたり」の手の動きの時間構造と軌跡から語彙や文の構造を予測することが可能になり，実時間読み取りを容易にする。

　なお様々な伝送条件に対する MOS 値の累積比率と読み取りやすさの関係（中園 06a；中園 06b）（図 4 – 15）を音声の場合（電電 78）（図 4 – 16）と対比してみると，両者の対話言語としての性質がよく似ていることがわかる。

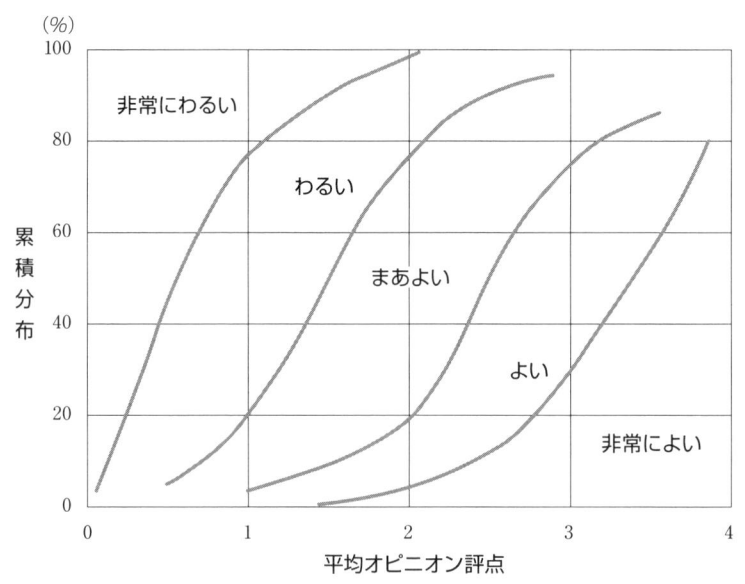

図4－16　電話音声におけるMOS値の累積比率と聞き取りやすさ
（出所）　電電 78。

2　遅延特性

　実時間通信を目的としたシステムでは，符号化，伝送，復号化を通した遅延が，通信の使い勝手に大きな影響を及ぼす。電話などの音声通信では古くから検討されてきており，テレビ番組でも，スタジオのキャスタと現地の特派員の会話がぶつかったり，不自然な間が生じる例を見かける。数字の読み合わせでは50ミリ秒程度で遅れが認知されるが，雑談では数百ミリ秒まで気が付かない場合がある（伊藤憲 87）。

　音声では対話内容により50～700ミリ秒の遅延で対話の不自然さが感じられ（伊藤憲 87），200ミリ秒程度の遅延が対話の最大の障害となるが，手話では遅延の影響は音声に比べ小さい（図4－17）。

　手話では対話における障害が最も大きい遅延は1秒程度である（Nakazono 06；中園 07）。その理由は明らかではないが，音声と手話の単

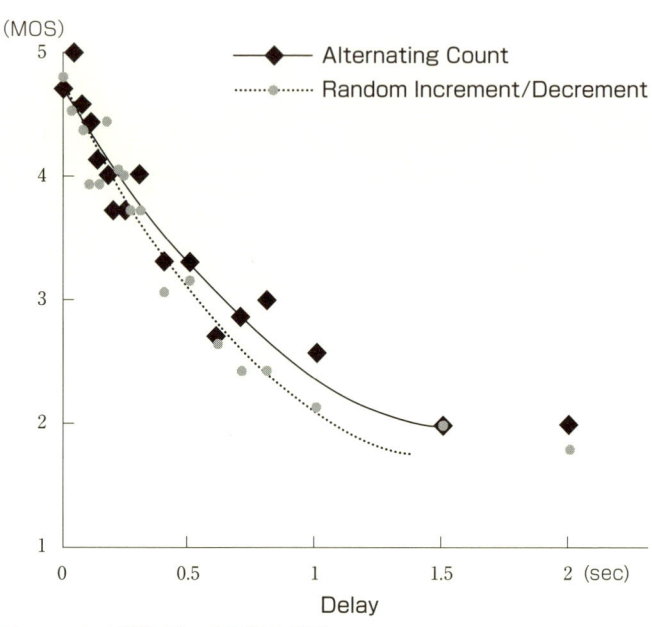

図4-17 手話伝送への遅延の影響
（出所）　中園 07。

位の長さの違い（音韻と手動作）や，メディアの違い（双方からの情報の衝突の影響の程度）が影響しているのではないかと思われる。対話言語の知覚・認知面に対する何らかのヒントを与えているのではないかと考えられ，今後の課題の一つである。

第5章
指点字（実時間触覚言語）と
プロソディ

　全盲ろう者（全ろうと全盲重複障害者）はコミュニケーションには触覚を用いざるを得ない。「視聴覚重複障害」などと呼ばれているが，単に2つの障害の組み合わせでは全く説明できない困難さがある。全盲ろう者は周囲の状況を把握することが困難で，直ぐ近くに支援者がいても，その存在を知ることも困難である。他者とのコミュニケーションには通訳が必要である。既存のマスメディアの利用にも，通訳や補助機器が必要である（そのため，全盲ろう者の生活を支援する情報機器が望まれている）。

　盲ろう者として非常に有名な人にヘレン・ケラーがいる。19ヶ月で盲ろうになったそうであるが，アン・サリバン先生の指導で言葉を学習し，その後多方面で活躍した。日本にも何度か来ており，障害者支援などの啓蒙活動をしていた。

　日本では福島智東京大学教授が有名である。NHKの番組でも紹介された。10代で盲ろうになったが，お母さんが偶然に指点字というコミュニケーション法を見つけ出し（福島 98），それを用いた多くのボランティアの支援で都立大学の博士課程まで修了し，金沢大学の助教授などを経て現在東京大学の教授を務めている。

ここでは，指点字を先ず紹介し，さらにその他の触覚を用いた様々なコミュニケーション手段にも触れることにする（市川 01a；市川 06）。

1 指点字との出会い

指点字との出会いは 1994 年であったと思う。渋谷の国連大学で開催された福祉に関する学会で，全盲ろうの福島先生が講演し，質疑で質問に対して間髪を入れずに回答をされ，不思議に思ったのが最初であった。その時福島先生を支援している方が指点字で通訳をされていることを後で知った。

その後，ある研究会で同じく全盲ろうの榎本悠起枝さんと同席する機会があり，彼女に対する指点字通訳を全盲の長谷川貞夫先生（元筑波盲学校教諭，点漢字の発明者として有名）がしておられた。長谷川先生に指点字をどのように打つのかお尋ねしたところ，声で話すイメージを描きながら打っているとの回答であった。私は当然プロソディ的情報を伴った打ち方をしているものと予測し，お尋ねしたのであったが，まさにその予測を裏付けるようなお返事であった。

2 指点字とは

1 点字

点字はルイ・ブライユ（フランス人）が 1825 年前後に考案したものである（広瀬浩 10）。そのため点字という言葉は英語では彼の名前からブレイルと呼ばれている。

日本では石川倉次がそれを参考に日本点字を提案し，1890 年 11 月 1 日に制定された。点字は国際的にはアルファベットや数字など，共通の部分が多いが，国により若干ズレがある。日本では仮名文字の点字に拡張して

いる。点字は6点のものが普通であるが，日本では一部8点のものも提案されているが普及していない。

6点の点字では，仮名，アルファベット，数字などをその先頭の符号で区別している（点字01）。数式や化学式，楽譜，漢字などの表記法もある。

2 指点字

指点字は，この点字の6点を左右の6つの指に対応させて用いる（図5－1）（福島98）。

盲ろう者の左右の指を点字タイプライタのキーに見立てて打つ（図5－2）。指点字は慣れると音声に近い速度でコミュニケーションができる。またコードになっているので，音声認識や文字認識のような物理レベルの信号からコードへの変換処理が不要で，正確である。

コード表現でありながら，速度や強さがコントロールできるので感情や個人性なども伝わるなど，表現も豊かである。問題点は利用者が少ない点である。これは，盲ろう者の多くのケースは，進行性の病気（アッシャー症候群）に罹患し，初めは聴覚に障害が生じ，その後視覚に障害が起きることが多いため，先ずは手話を学習し，触手話でコミュニケーションをしており，点字を学習する方が少ないことによる。

しかし指点字は仮名などのコードを覚えればよく，手話のように多数の

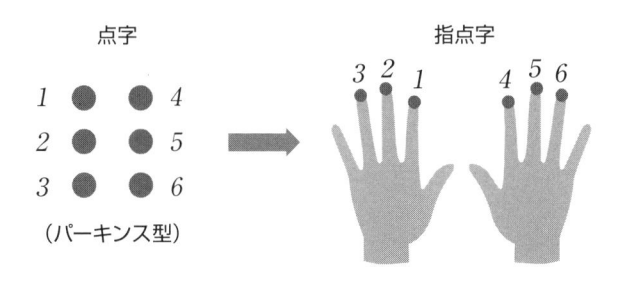

図5－1 指点字の仕組み

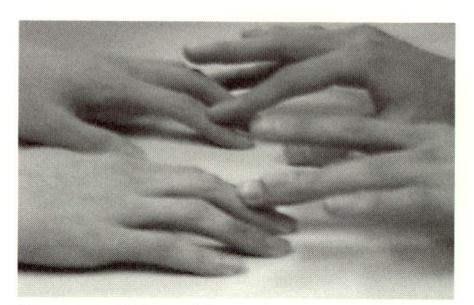

図5-2　指点字 (1)

図5-2　指点字 (2)　　　　　　　　　　　　　　　　野代　茜　画

手話単語を学習する必要がなく，機械化もしやすいという利点がある。ただし，日本語を獲得していることが前提であり，先天の盲ろう者は先ず日本語の獲得が課題となる。

3 指点字の収録

収録装置

図5-3に示す試作装置により観測を行った（宮城 98）。

この試作装置は，圧力センサと本体及びディスプレイからなり，指点字の持つ時間構造及び打点にかかる圧力が同時に計測できる。データは本体に接続されたパソコンに取り込まれ，入力された圧力値は6点分同時にディスプレイに表示される。

指点字の6点の入力に合わせ，センサが6チャンネル用意されている。センサは圧電ゴムにより構成されており，打点にかかる圧力を0から254までの値に変換する。その値はサンプリング周期10ミリ秒ごとにパソコンに出力される。値255はデータセット（6点分）の前にヘッダとして置き，データを取りこぼした場合も検出できるようになっている。実験参加者の打点の強さの個人差の調整が可能なように，センサの感度は可変となっている。

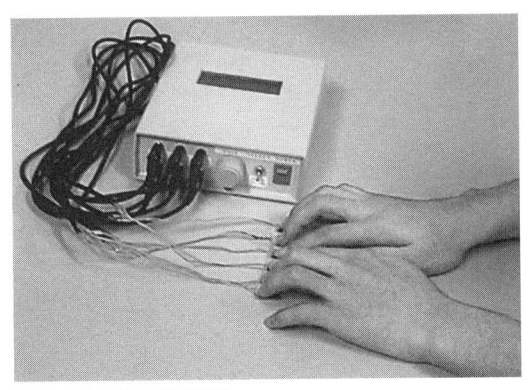

図5-3 指点字の計測

曖昧構造文

解釈が複数あるような意味の曖昧な指点字文により，文節の係り受け構造が指点字の打点にどのように表れるかを解析する目的で収録した。収録した文例は次の3文である（注：点字のルールでは助詞は発音通りに表現する（例「は」⇒「わ」））。

> a.「ワカイオトコトオンナガアルイテイル」
> 　「若い男と，女が歩いている」（男だけが若い）
> 　「若い男と女が，歩いている」（男と女が共に若い）
> b.「ニワニワニワトリガイル」
> 　「庭には2羽鳥がいる」
> 　「2羽庭には鳥がいる」
> c.「アルミカンノウエニアルミカン」
> 　「アルミ缶の上にある蜜柑」
> 　「アルミ缶の上にアルミ缶」

収録は，指点字通訳者として1年以上の経験のある20代男子学生3名によった。

手話ニュース文

NHKのテレビ番組「手話ニュース845」から3文を指点字で入力してもらった。手話ニュースを選択したのは，字幕や手話への実時間通訳など他のメディアへの変換を意識して，通常のニュースに比較してわかりやすい簡潔な文章表現になっていることと，比較的丁寧に発声されており，点字や指点字で用いられている略字[1]を用いずに指点字の打点が可能と考えられるからであった。

実験参加者がニュースの内容を盲ろう者に通訳している状況を想定して，

1　略字は通訳速度を上げるために，多用される単語を省略して打つ方法である。

実験参加者にニュースの音声を読み聞かせ，データ統制のために略字を使用せずに，聞き取った音声を全て指点字で同時に打つように指示した。収録内容は次の3つである。

> a. 火星探査機の話（62文字）
> b. ワールドカップの話（120文字）
> c. カーリングチームの話（93文字）

収録は，指点字通訳者として1年以上の経験のある20代男子学生1名によった。

強調文

指点字発信者の状態情報（感情や対象，性別など）が指点字に現れるかを調べるために，その例として強調表現の表れ方を見ることを目的に収録した。音声による先行研究を参考に，同一文で表された指点字文による回答の打点状況が，質問により異なることを期待する。回答文は同一であることのみを求め，打ち方に関しては指示を行わず，自然にどのような回答を行うかを分析できるようにした。回答は2文を用意し，それとそのそれぞれに対する質問は次の通りである。

> a. 回答文　「3時に千葉駅の東口です」
>   質問文　「何時に千葉駅の東口ですか？」
>   　　　　「3時にどの駅の東口ですか？」
>   　　　　「3時に千葉駅のどこですか？」
> b. 回答文　「私は明日兄とカラオケに行きます」
>   質問文　「いつお兄さんとカラオケに行きますか？」
>   　　　　「明日誰とカラオケに行きますか？」
>   　　　　「明日お兄さんとどこに行きますか？」

収録は，指点字通訳者として1年以上の経験のある20代男子学生3名によった。

4 指点字の打点間隔と打点の強さ

指点字は音声と同様に揮発性のメディアでありながら，習熟した人は対話音声と同程度の速度でコミュニケーションを行っている。揮発性の音声や手話が実時間でコミュニケーションが可能なのは，プロソディやそれと同じような機能がそれぞれのメディアの中に存在しているためだということを見てきた。指点字にもプロソディと同様の機能が存在しているものと考えられる。

指点字の分析の視点として，打点間隔と打点の強さを図5-4のように定義する。強調文の3名のデータを分析した（Miyagi 00）。強調部分については，別途第6章第2節で述べる。

1 指点字の打点間隔

次の指点字までの打点間隔を測定した。3名のデータからの結果を示す。

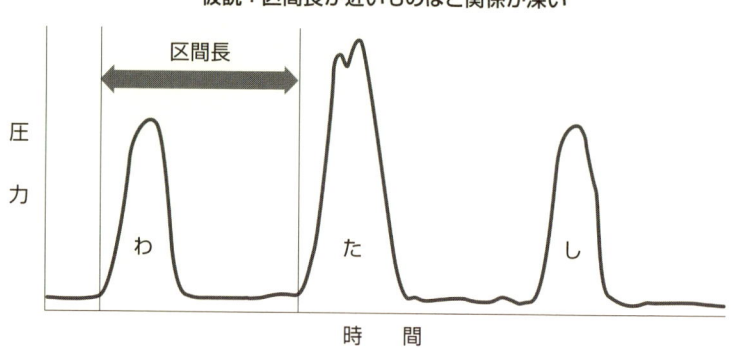

図5-4 指点字の打点間隔と打点の強さ

基準（一般の指点字）：377 ミリ秒

　　濁音・半濁音符：343 ミリ秒

　　拗音符：357 ミリ秒

　　数符：587 ミリ秒

　　文節末：790 ミリ秒

　　文末：697 ミリ秒

　点字では「ば」「ぱ」などの濁音や半濁音は，

　「濁音符」―「は」

　「半濁音符」―「は」

のような順序で表現されるので，「濁音・半濁音符」と次に打たれる点字符号は一体で解釈されることになる。「濁音・半濁音符」が基準より短く打たれるのは，後続する点字との一体化を認知するのに有利な構造となっている。「拗音符」も同様である。

　「数符」は　以後の点字が「仮名」ではなく「数字」であることを示す重要な符号なので，丁寧に打たれることを示す。文節末や文末はそれらの文中の符号より長くなっている。

　なおサンプル数が少ないことや，係り受けなどの条件が様々であるが，後述のように相互の相対的長さで判断されているものと思われる。

2　打点の強さ

　打点の強さ情報は，個人差や指による差が大きく，言語的情報との関係は見出されなかった（Miyagi 06b）。発話者情報を主に担っているものと思われる（第6章参照）。

5　指点字文

　濁音符や半濁音符，拗音符に見られるように，ある指点字とそれに後続

「若い男と女が歩いている」

男と女が共に若い　　　　　　男だけが若い

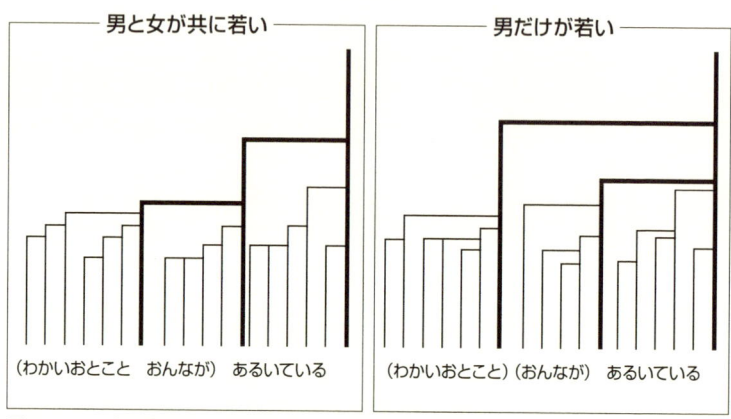

(わかいおとこと　おんなが)　あるいている　　(わかいおとこと)(おんなが)　あるいている

図5-5　時間構造による指点字文の意味区別の例

する指点字の間隔には両者の心理的・認知的関係の深さが表れていると考えられる。そこで指点字文章について，指点字の間の時間長を短いものから順次結合してゆくと発信者の心理的な文の構造が現れるものと思われる。

1　曖昧構造文とプロソディ

　収録した曖昧構造文を，指点字の間の時間長を短いものから順次結合し，木を構成してみた（宮城 98）。
　「ワカイオトコトオンナガアルイテイル」の例を図5-5に示す。図を比べるとわかるように，曖昧な文章である，
　「若い男と，女が歩いている」（男だけが若い）
　「若い男と女が，歩いている」（男と女が共に若い）
が，見事に区別できるように打点されていることがわかる。他の曖昧構造文も，いずれも意味区別が可能な構造が現れた。時間構造というプロソディで，受け手が容易に理解できるように打ち分けていることが観察された。

2　ニュース文とプロソディ

手話ニュース文データの275文を分析し，木構造を求めた（Miyagi 05a）。例を図5−6に示す。

文節ごとにまとまって枝分かれしていることがわかる。71％の文節が正しく抽出されている。また，残り29％の文節のうち45％は文節内に数字を含むため，数字の前の重要な符号である数符により，見かけ上分断されていた。これを正しいと見なせば，約85％の文節が正しく表示されている。

指点字では，そのコード系は音声と基本的に同じであるから，音声に近い時間構造となっているのではないかと予測される。

音声に関する河野の研究では（Kohno 92），音声のリズムには認知メカニズムが異なるのではないかと解釈される2種類があるのではないかとの報告がある。おおむね330ミリ秒以下で直感的にリズムの真似ができるものと，410ミリ秒以上で真似の練習を要するものである。前者はパターンとして直感的に把握できるのに対し，後者は論理的に把握する必要があるものと解釈される。言い換えれば，文節内は一つのまとまったパターンとして直感的に把握が可能で，文節間の文構造を表すところでは，文構造を論理的に判断するために必要な時間と考えることができよう。

このような視点から，指点字文の時間構造を見てみると，まさに文節内の打点間隔は300ミリ秒程度，文節末では400ミリ秒以上となっている。さらに別途収録した指点字のベテランの人のパターンを見てみると，やはり文節中ではほぼ200〜300ミリ秒程度で，文節間では400ミリ秒程度以上であった。手話についても第4章第6節第3項で見たように，同様の時間構造が観測されており，揮発性自然言語である音声，手話，指点字に共通の特徴と考えられよう。

このように，分析の結果，指点字のプロソディも，文の意味の構造の情報を持っていることが確認された（宮城 99b）。プロソディとしての打点

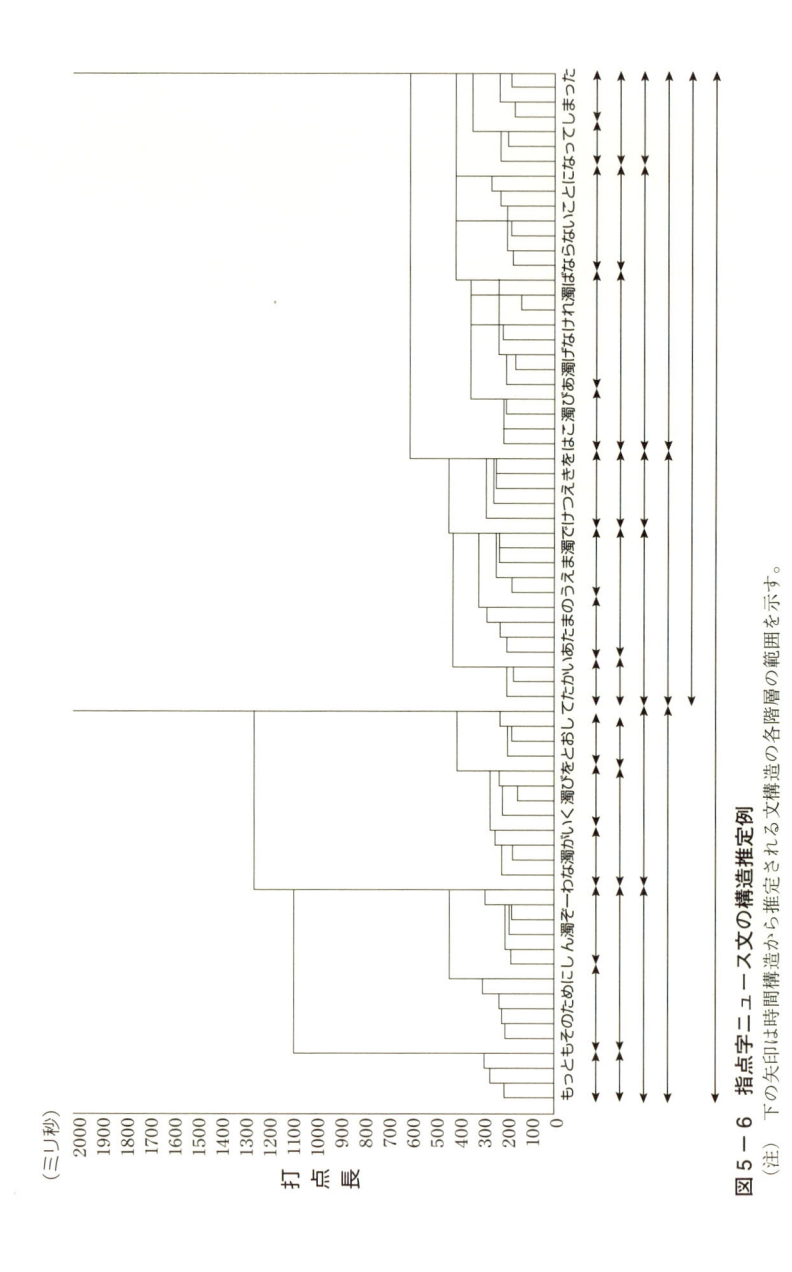

(ミリ秒)
2000
1900
1800
1700
1600
1500
1400
1300
1200
1100
1000
900
800
700
600
500
400
300
200
100
0

打
点
長

もっともそのためにしいん測とーわな測かいく測びをとおしてたかいあたまのうえまま測でけつうえきをはこ測びがあ測びなれ測ばならないと測はならないことになってしまった

図5－6　指点字ニュース文の構造推定例
（注）下の矢印は時間構造から推定される文構造の各階層の範囲を示す。

118　第5章　指点字（実時間触覚言語）とプロソディ

間隔情報が指点字の読み取りやすさに貢献していると考えられる。

6　指点字における予告機能

　指点字も揮発性であり，音声並みの速度で理解可能なことから，音声や手話のように，そこには予告機能が存在するものと考えられる。
　しかし音声や手話とは異なり記号化された表現のため，物理量としての確認方法が未解決である。図5-6では文節内の打点長が徐々に長くなる傾向が見られ，「予告」情報との関係が存在する可能性がある。
　指点字をネイティブ並みに使う人がごく限られているため，認知実験による確認も残念ながら実現していない。いずれも今後の大きな課題である。

7　指点字の規則合成

1　指点字合成規則

　テキストから指点字を生成する（指点字規則合成）ことができると，それを盲ろう者に読み取ってもらうことにより，分析結果が妥当かを評価することが可能になる（宮城 99b）。また本章第9節に示すように，様々な応用に展開することができる。
　指点字は基本的に日本語をベースとしており，テキスト音声合成の言語処理部と抑揚生成部をそれぞれ指点字向きに修正することにより指点字規則合成を実現することができる。
　言語処理部では，構文解析を行い文構造を求めることと，漢字などに対し読みを付け，その結果を点字のルールに従い若干の修正を行う。助詞の伝統的表記を発音通りに置き換える，濁音符や半濁音符，拗音符，数符などを付加する，必要に応じて強調などのマークを付ける（第6章第2節参照）など点字ソフトと同じでよい。

抑揚生成部は指点字の打点時間を決定する。本章第4節第1項の観測値を利用して次のような簡単な規則を制定した。なお数字は冗長性がないため，別途調べ，丁寧に打点することがわかったので，標準とは別に扱うこととした。作成した規則を示す。

$$Ai = N + Aa + Bb + Cc + Dd + Ee$$

Ai	i番目の指点字長	
N	標準点字（1または0）	377
A	文節末（1または0）	a = +413
B	文末（1または0）	b = +320
C	濁・拗音符号（1または0）	c = −34
D	数・外字符（1または0）	d = +192
E	数字（1または0）	e = +213

作成した規則合成指点字は本章第9節に後述する指点字端末により出力し，当事者に提示することになる。

2　擬似実験

擬似実験の考え方

規則合成の指点字出力を評価するためには，評価者の条件として以下の点を考慮することが必要である（宮城 08）。

条件1：時間構造を中心とした指点字のプロソディの認知可能な盲ろう者またはそれに順ずる能力を有すること。

条件2：指点字のプロソディが最適な効果を発揮する条件を探索するに際して，多様な実験に対する学習効果を避けるために，多くの異なる実験参加者が得られること。

これらの条件を満たす実験参加者としての，この評価を行える指点字に熟練した盲ろう者は極めて少なく，特に条件2を満たすことは不可能である。そこで，視覚情報（文字）または聴覚情報（音声）に置き換えた健常

者による擬似実験を検討した。

擬似実験装置は，仮名文字を1字ずつ表示し，指点字合成規則から得られる提示時間を経ると消え，次の文字が表示される。一定上の視力であれば必ず読める文字の大きさ（72ポイント）にした。画面上の開始ボタンを押すと，画面のボタン上部に仮名文字が順次提示されるように構成されている。

擬似実験は以下の理由により，指点字に熟練した盲ろう者による評価に最も近い結果が得られると考えられる。

理由1：指点字は基本的に音声言語とほぼ対応していること，指点字通訳者の多くが音声の発声をイメージして通訳を行っているといわれていることから，健常者の安定した音声プロソディ認知能力を指点字のプロソディ認知能力として模擬できる可能性が存在する。

理由2：指点字の観測結果では，その打点は200〜300ミリ秒とほぼ等時性が見られ，鹿児島方言を除く日本語がモーラ等時性であることから，方言や年齢，性別に対する配慮をすることなく，評価実験者の人数の確保が容易と考えられる。

理由3：視覚情報（文字）または聴覚情報（音声）に置き換えた健常者による擬似実験の妥当性は，限られた盲ろう者による実験結果と対比することにより，確認することが可能である。

理由4：理由1〜3が成立すれば，少数の熟練した盲ろう者のみによる評価結果よりもむしろ信頼性の高い補充結果として期待される。

擬似実験結果

擬似実験は条件を満たす12名の大学生（21〜26歳，男性6名，女性6名）により行われた。

提示文は，150字程度の科学系のエッセイ4種類を用意した。この4種類から，指点字規則合成によるプロソディの時間制御によるもの2種類と，その指点字時間長の平均値が等しくなるように設定された単調出力（時間

間隔が一定）のもの2種類を用意し，提示後，内容に関する質問を行い，理解されているかを比較した。2つの出力条件において，1文字当たりの平均提示時間は同じ長さにしてあった。プロソディ条件では文節末と文末の長さは2倍とし，逆にその分，その他の文字は短くなっている。

なお，読み取り能力に個人差があることが予備実験で明らかになったので，被験者ごとに読み取り可能な速度として前述の規則の何倍なら読めるかを事前に調べ，負荷として読み取り可能な速度の0.8倍として実験を行った。どちらの場合も毎秒4〜5文字の出力であった。提示は1回のみである。提示文の一例と質問文を以下に示す。

提示文
「らーめんなどの　めんるいは　ゆでた　あと　じかんが　たつ　と　のびると　いうが　ほんとうに　めんが　ながくなるのだろうか　ある　じっけんの　けっかに　よると　ゆでた　あとの　うどんは　やく2じかんで　3ぱーせんと　ながさが　ぞうかした　という　これは　めんの　なかに　ふくまれる　でんぷんが　めんを　のばす　はたらきを　している　ためだ　いっぽう　めんの　なかの　ぐるてんは　かたちを　たもつ　はたらきが　あるが　でんぷんの　ほうが　わりあいが　たかいため　けっきょく　のびてしまうのだ」

質問1：「ゆでた後のうどんは約2時間で何パーセント長さが増加しましたか？」
質問2：「麺がのびるのは，何の働きによるものですか？」
質問3：「麺の中のグルテンは，どんな働きがありますか？」
質問4：「麺の中では，何の割合が高いですか？」

プロソディ出力の正解率は79％，単調出力では65％となり，プロソディ条件の方が文章をより理解していることが示された。

この結果は，文節間の時間間隔を長くしたことにより，論理判断が容易になったこと，文節内では時間間隔が短いことに対しては支障は少なく，パターンとして理解している可能性を示唆している。

3 盲ろう者による評価実験

予備実験

試作した指点字出力装置を用い，盲ろう者成人女性（60代）1名で評価を行ってもらった。指点字使用歴10年以上である。この評価者はコミュニケーションの受信には指点字を主に使用し，発信は発声で行う。実験方法は指点字通訳者を通して説明した。

合成規則による時間間隔の1.5倍，1倍，0.8倍，0.5倍で順次速くしていき，内容が理解できるかを質問して確認した。0.8倍までは両条件とも理解可能であったが，0.5倍では単調出力では理解ができず，プロソディ条件では話題の把握が可能だった。

感想として，プロソディ条件の方が，濁音符などがわかりやすく，文としてもリズム感があるのに対し，単調出力は焦っているような印象ということであった。

以上の結果から，指点字の時間間隔がコミュニケーションに対しプロソディ情報として有効に機能していることが予測された。

本実験

実験装置及び評価者は予備実験と同じである。

提示文は動物の生態に関する4つのエッセイを用いた。エッセイの内容について読み取った後，各エッセイに対し指点字で10問質問した。質問は誤解のないように，わかるまで繰り返した。提示文は次の4つである。

> 提示文1： トゲウオの話（481文字，プロソディ情報なし）
> 提示文2： サルの話（456文字，プロソディ情報付加）
> 提示文3： モグラの話（490文字，プロソディ情報なし）
> 提示文4： モモンガの話（511文字，プロソディ情報付加）

　評価者は指点字に慣れており，規則合成の速度では容易に読めるので，速度を倍速にして評価を行った（江波 01）．

　実験の結果，指点字でも，音声と同様に（北原 87b），プロソディ機能に対応する情報を外すと（本章第9節に示す指点字端末からコンピュータにより一定間隔で文を出力する），少数者による実験ではあるが，文の理解は約80％から50％程度に低下することが観測された．

　評価者は，プロソディ条件の規則合成指点字は「自然さ」と「読みやすさ」を感じたとの感想であった．

　これらの結果は，指点字のプロソディとして，打点の時間間隔情報が実時間理解に重要な機能を果たしていることを示唆している．

　なお，指点字の熟練度に応じて速度を可変にすることや，点字提示区間と間の区間の割合を可変にすることも規則に組み込むと効果的である．区間の割合は，初心者では点字提示時間長の比率が長い方を好むが，熟練度が上がるにつれて短い方を好むようになる（江波 01）．これは習熟度が上がるにつれて1字ごとに読むことから文節単位でのパターンとして読むようになり，文節内でのパターンとしての触覚変動パターンが間の長い方が明確になるためと考えられる（本章第10節参照）．

8　指点字のあいづち

　盲ろう者の発言に対する「合意」の意味での「あいづち」や「うなずき」の機能は，盲ろう者の手に掌で軽く丸などを描く．「聞いている」と

いう意味での「あいづち」や「うなずき」の機能は，軽く「とんとん」と2回程度たたく動作をすることが多い。

9　指点字システム

指点字端末を用いた盲ろう者支援の様々なシステムも試作されている。

1　指点字端末

指点字の端末には様々な試作が試みられている。

受信型のものでは，人が指点字を行う形態をそのまま模擬したものでは，ピアノのハンマー状のバーで指の上をたたくものがある。また，点字の1マス分を指1つに対応させ，マスの全ピンをいっせいに上下させたり，波のように動作させて指点字の移転を表現し，それを6つの指に対応させるもの（坂井 98），指輪のようにリング状の構造とし，そのリングを膨張させるものなどがある（堂坂 00）。

送受信型のものには，芯とその周りのリングの2重構造のスティックを1点に対応させ，筐体の上部に出し，そのスティックを指先で押し下げる

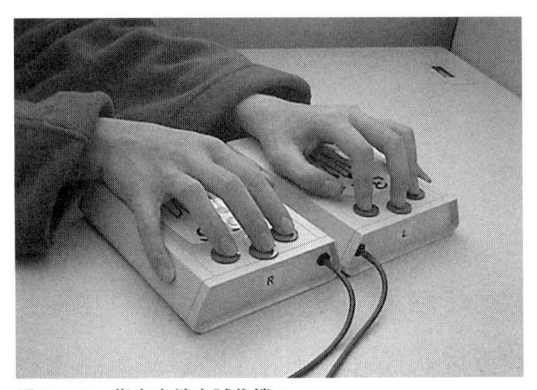

図5－7　指点字端末試作機1

ことにより，外部のリングが送信用のスイッチとなり，受信は芯がソレノイドにより上に突き出て指先を押すことより表現するものを試作した（図5-7，ダブル技研との共同研究試作機）。この出力をパソコンに取り込み，打点の時間構造や打点の強さを観測できる。またパソコンより出力できる。

2 指点字電話

盲ろう者相互の対話には，指点字端末を通信系を通して対向させれば，指点字電話が実現される（Horiuchi 01）。

3 指点字規則合成応用

テキストから指点字への規則合成技術と，指点字端末とを繋げば，様々な応用が可能になる。

文字放送指点字受信機

指点字端末とテレビの文字放送を繋げたものも試作されている。ニュースや天気予報など，様々な情報を得ることが可能になる（藤森 00b）。

インターネット

盲ろう者のためのスクリーンリーダのような機能が実現できる。各種の電子化テキストが読めるので，ホームページを読むようなことも可能になってくる。

読書器

ベッドサイドにおいて寝たまま本のページを捲ることのできる自動ページ捲り機がある。これとOCR（光学的文字読み取り機），指点字規則合成を組み合わせることにより，盲ろう者用の読書器を構成することができる。

4 指点字ワープロ

情報発信機能としては，指点字端末を入力手段とした文書作成ソフトの指点字エディタも試作した（福田慧 04b）。

5 指点字会議システム

さらに，盲ろう者を含む多数の人々が参加し合意形成を行う電子会議システムを試作した（宮城 05b；宮城 08）。参加者の情報発信速度や読み取り速度の差による不利を，発言権の制御や発言予約，状態情報の提示などと組み合わせることにより回避し，盲ろう者などの入出力速度に不利な参加者と健常者共に操作性に不満なく合意形成が可能なことが実験的に確認されている。

10 指点字の学習

点字の構造は母音を表示する点の位置と，子音ごとの点の位置が体系的に定められている。そこで，この規則性を学習してから指点字を学習する群と有意味な単語単位（構成している点字は様々）をランダムに提示して学習する群で学習の進捗状況を比較した。

体系的な構造を学習した群は当初は読み取り速度の進歩は早く，後者の読み取り速度の進歩は遅いが，やがて学習が進むに連れて後者が前者を追い抜いていった。これは前者が点字の構成を論理的に判断する段階と，それにより読み取った結果を組み合わせて単語を判断するという2段階のプロセスを要するのに対し，後者は論理判断をせずに，触覚の変化パターンを単語単位で読むという1段階処理のみであることによるものと考えられる。前者もさらに学習が進むと後者方式に変化するようである。

このことは，点字提示区間と間の区間の割合は，初心者では点字提示時間長の比率が長い方を好むが，熟練度が上がるにつれて短い方を好むようになることからも推定される（江波 01）。これは習熟度が上がるにつれて1字ごとに読むことから文節単位でのパターンとして読むようになり，間の長い方が文節内でのパターンとしての触覚変動パターンが明確になるためと考えられる。

11 そのほかの触覚を用いたコミュニケーション手段

盲ろう者のコミュニケーション手段として用いられている指点字以外の方法について参考までに簡単に紹介する（市川 06）。第2項以下の方法は，機械化が難しく，装置を作るのにはコストもかかる。

1 点字タイプライタ

ブリスタと呼ばれる点字用タイプライタでテープに点字を打ちこみ，そのテープを読む方法である（図5-8）。時間間隔や強さなどのプロソディ情報を付けることが困難である。

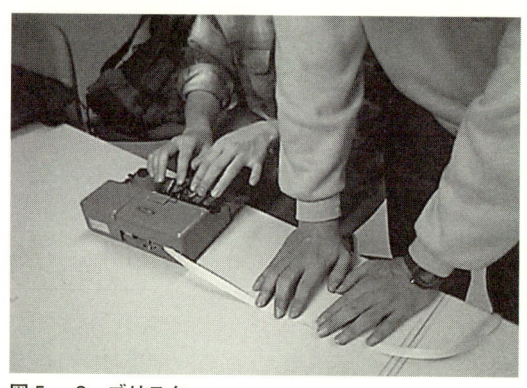

図5-8 ブリスタ
（注） 左が支援者，右が盲ろう者。

2 触手話

手話を知っている聴覚障害から盲ろうになられた方の場合は，手話を触覚で読み取る触手話という方法が用いられる（図5-9）。

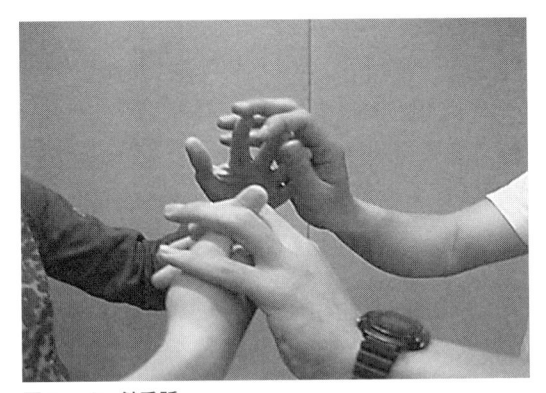

図 5 − 9　触手話
　（注）　左が支援者，右が盲ろう者。

3　触指文字

　仮名文字やアルファベットを表す指の形を触って読む方法もある（図 5 − 10）。

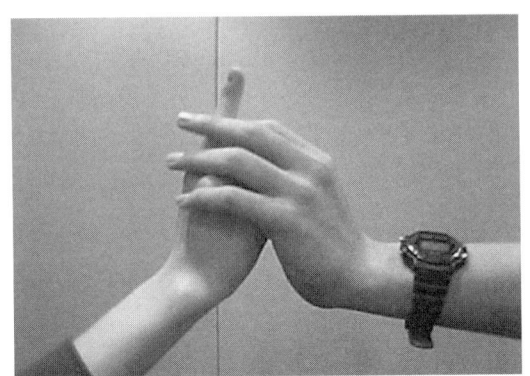

図 5 − 10　触指文字
　（注）　左が支援者，右が盲ろう者。

4　手書き文字

　掌に指先で字を書く方法である（図 5 − 11）。多くの方が支援できるが，時間がかかるのが欠点である。

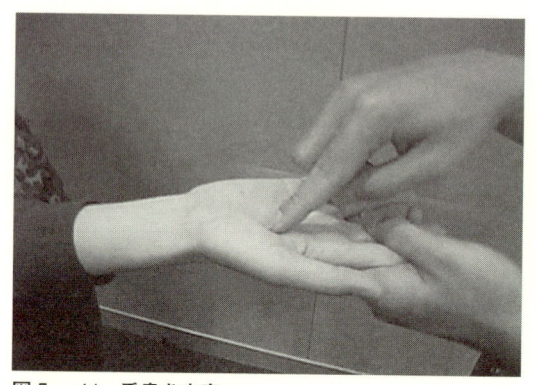

図5-11 手書き文字
(注) 左が盲ろう者,右が支援者。

5 握り点字

　高齢者や触覚の感覚が低下している盲ろう者のために,指点字を打つのではなく,対応する指を握って伝える方法である(図5-12)。

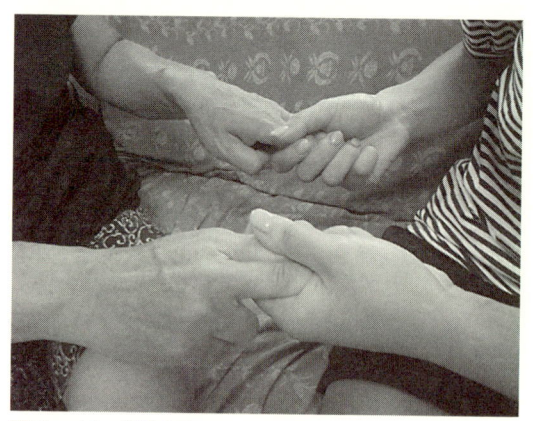

図5-12 握り点字
(注) 左が盲ろう者,右が支援者。

第6章
発話者の情報とプロソディ

　誰がどのような状態で発話しているかという情報は円滑な対話の実現に不可欠である。人はその情報により言葉を判断し，反応している。発話者の情報としては，個人性や感情，体調など様々なものが存在する。

1 発話者情報

　発話者情報には，感情（情動，情緒，気分など）や個人性，性別，体調，社会的立場や相互関係，地域性，育成環境，など様々なものが含まれ，無意識のうちに発話者は自分のそのような情報を発信し，聞き手は相手の発話者情報を知覚・認知し，言語的情報と統合的に運用し，円滑なコミュニケーションが実現されている。これらの発話者情報は音声や表情などに含まれており，発信や知覚・認知の機能は，言語的情報と同様に生得的あるいは後天的に獲得されるものと考えられている。

1 発話者情報と身体的特性

発話者の機械認識実験によれば，音声による一卵性双生児を区別する認識誤りは，それ以外の場合の誤りの2倍程度になるという報告がある（古井 85）。このことは身体的に類似している人の声は似ていることを示している。口の構造が似ていれば共鳴特性も似てくるし，生理的類似性から声帯の物理特性も類似し，音源特性も類似するであろうことは容易に類推される。

風邪を引くなど，体調の変化により音声が変わることは明らかであり，それにより発話者情報が変化し，発話者が誰かを判断することが難しくなることも事実である。

障害者や高齢者が自身の体調や心理状態を的確に言語的情報で表現することが困難な場合がある。その場合でもプロソディなどを通してその情報を把握することが期待される。

なお，初期の宇宙飛行士のストレス監視と話者認識に地上との交信の音声を利用する研究が行われていた（Klemmer 66；Hecker 67）。現在では通信技術や体調監視技術が進歩し，それらの情報は直接得ることができるようになってきている。

2 発話者情報とプロソディ

言語的情報が主にスペクトルに現れるのに対し，発話者の身体的・生理的特徴や言語的習慣の差異（個人性）はプロソディに現れる。

個人性は，まさにその人の固有の性質が音声に出てきているものであり，この点で発話時点ごとに変動する感情とは本質的に異なる。したがって，対話音声を理解する点では，それぞれに，またはその組み合わせで理解をしなければならないという点で，共に極めて重要な情報ではあるが，その視点は全く異なる。

3　発話者情報と音韻

　発話者の違いは身体特徴の違いなどの影響が大きいと考えるのは自然なことである。

　しかし，話者認識装置を開発し実験してみると，そのような生理的変動よりも，音韻特徴に注目した方が安定であるというような傾向が見られる（市川 77b）。これは幼児からの言語獲得による方言性の影響は，音韻性やアクセントなどの言語的情報に表れ，体調によらずに発話者情報として安定的であることを示しているように思われる。

2　感情情報・強調表現

　感情に関する音声の有する情報に関しては，1960年代に一時期試みたにもかかわらず（市川 67a；市川 67b），その後体系的・構造的理解の試みのアイデアが浮かばず，放置してきた。音声の持つ感情情報や強調などの表現の多様性をモデル化し，合成音声で再現しようとしたこの試みは，お

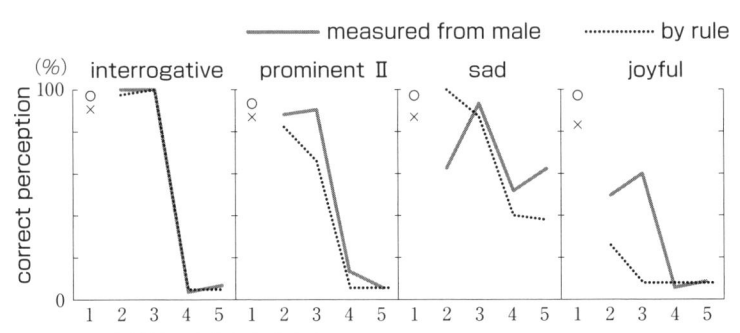

図6−1　表情付き音声と合成音声
（注）　1：human voice（○ female，× male），2〜5：symthetic voice（2：controlled pitch & amplitude，3：controlled pitch & constant amplitude，4：constant pitch & controlled amplitude，5：constant pitch & amplitude）.
（出所）　市川 67a。

そらく国際的に見ても，最も早い取り組みの一つであったであろう。

この初期の研究では表情として中立的な文章を声優に様々な表情（発話態度）を付けて表現してもらったものを資料として収録し，検討を行っている。発話態度としては，①文型（平叙文，疑問文），②強調（2種類），③感情（怒り，喜び，悲しみ，怒鳴り声）を扱い，特徴パラメータとしては基本周波数と包絡強度，モーラ継続時間長を計測した。基準 P_0 として女声の平叙文の特徴パラメータを用い，話者（男女各1名）H，発話態度効果 A の相乗積でモデル化し，声道モデルで合成音声を作成し，被験者9名により，ランダムに各5回の聴取実験（発話態度のグループごとに不明を含む範疇選択）を行った。合成音声の声帯波形は各条件とも同一である。

結果は，図6-1の例が示すように，特徴パラメータを削除するにつれて表現力が低下している。特に基本周波数の効果が大きい。また喜びと怒りの成績が低い。これは男女による表現法の習慣的違いだけでなく，おそらくは両者とも興奮状態という共通の生理的・心理的要素が反映し，文脈のない単独の文章だけでは判別が困難であったのではないかと思われる。

その後何人かの研究者が感情音声などの分析を試みておられるが，残念ながら継続的取り組みは少ない。その中では体系的視点が見られる最近の赤木らの一連の研究が注目される（赤木 10）。

心理学や認知科学を中心に，感情に関する研究は多くの成果が報告されているが，そのほとんどは顔の表情を対象としたものであり，音声を取り扱ったものは非常に少ない。その理由は明らかではないが，おそらくは表情が写真や動画など映像という不揮発性のメディアを用いることにより観察が容易であり，統制もしやすいのに対し，音声が揮発性の性質を持ち，扱いにくいことによるのではないかと思われる。

---

1 特徴パラメータの基本周波数を文を通して抽出可能とするために，有声音からなる，表情としても中立的な短文として「青い家を売る」を用いた。

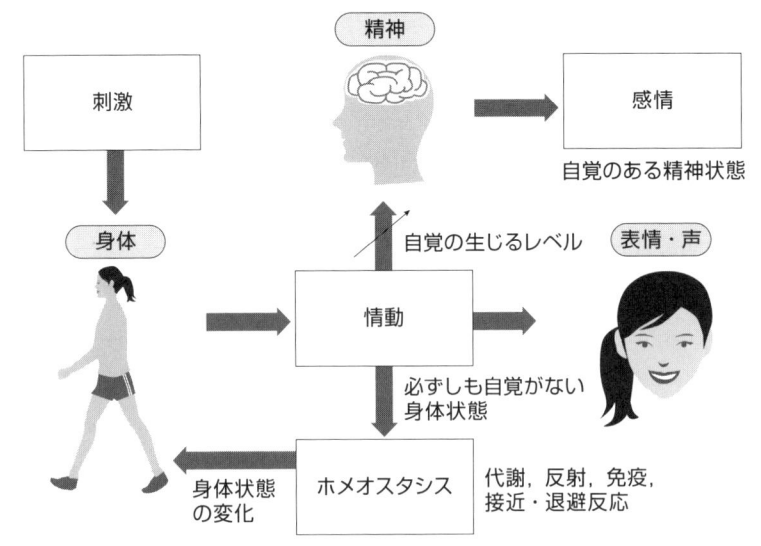

図6-2 情動と感情

1 情動と感情, 気分

心理学の分野では情動, 感情, 気分などの用語が用いられているが, 学術的にはその違いに関する明確な定義は未だなされていない。心理学辞典などでも記述は曖昧である。最近では何らかの刺激による身体的変化を情動, それが意識などに上がってきたものを感情（図6-2）や気分と呼ぼうという見解が多いようである（ダマシオ 05）。感情は比較的短時間の現象, 気分は継続時間が長い現象と考えられている。また「感情」をこれらをまとめた総称,「情動」（情緒）を比較的短期で終わるもの,「気分」を長時間持続的に生じる比較的弱い感情状態としている例もある。

本書では実時間対話における現象を主要な対象としているので, 主に比較的短期の感情を対象とする。

2 対話のことばにおける感情情報の役割

対面対話では，単に言語的情報という形でのコミュニケーションだけでなく，感情や，誰が話しているかといった個人性などの情報も極めて重要な役割を果たしている。これらの情報がセットになって，豊かなコミュニケーションが成り立っている。

例えば言語的には肯定的表現であっても，感情情報からは積極性に欠けることがうかがえ，実は否定的と解釈すべきというようなことは，日常的によくあることである。また逆に個人の癖として，否定的表現はむしろ前向きと解釈すべきというような場合もある。

このように，円滑な対話コミュニケーションには個人性や感情情報を無視することはできない。

3 基本感情

感情を研究している多くの研究者には，感情には基本感情が存在するという考え方がある。「本質的な感情として基本感情があり，それが結合したり，混合することで違った感情が生起する」（デカルト）という主張が代表的なものである。しかし何をもって「基本感情」とするかは研究者によって異なる。代表的なものには，喜び，恐れ，驚き，嫌悪，怒り，悲しみ，の6感情を挙げる例が多い。

基本感情というものが実在するという理論的あるいは実態的根拠は明らかではない。例えば何らかの方法で感情に関する言葉の間の相関を評価し，多変量解析などにより空間を求め，その空間に各感情表現を配置することは可能である。しかし，その空間の軸に近い表現が基本感情である保証はないし，各軸に近い感情を引き起こす音声をベクトル的に組み合わせてモーフィングなどにより内挿しても，空間上の各感情表現を呼び起こす音声を合成できる保証はないであろう。そのような空間配置を生じる裏の要因まで遡ることが必要である。その要因は極めて多様であると思われる

（次項参照）。

したがって，ここではこれらの例を対象に含めて取り上げるが，「基本感情」であるかどうかは特に問わない。本書では，対話者が相互に，話し手の状態にかかわらず，受け手がどのように感じているかにより対話は進行するものと考える立場を取る。

なお，そのような視点から，個々の対話の状況を観察・解釈する手段として，表出された音声から聞き手がどのように受け取るかを推定する計算論的モデルの構築を試みる。このモデルを活用することにより，聞き手の反応やインタラクションのタイミングとの関係の解釈など，対話現象の実態解明に寄与することが可能になろう。

4　音声の物理特性と感情

個人性（身体的・生理的特徴や言語的習慣）や心理的特徴（感情などの現れ方など（市川 67a））などはプロソディやスペクトル特性などに現れる。

感情の表れは，生命維持などのレベル（生命の危険性を感じる恐怖など）から文化習慣のレベル（芸術に対する喜びなど）まで極めて多様である。

それらの感情が生理的・身体的フィルタを通って発声器官などの身体動作の影響の下に音声に反映される。その主な影響はプロソディに現れる。生理的緊張の程度などを考慮すると声帯波形にも大きな影響が予測され，その結果スペクトル勾配などにも反映されると考えられる。

声帯が緊張すると声帯波形は鋭い三角波になり，高調波成分が増大し，高域が増加し，張りのある声になるであろう。逆に緊張が緩むと声帯波形は正弦波に近いような波形となり，低域成分が主になり，こもった低い声になると考えられる。言い換えればスペクトルの勾配の差に現れる。

例えば，怒りと喜びには心理的に興奮状態という共通の要因があり，それが生理的にも共通的に影響し，音声が類似してくることが観察される。

感情は，個人差はあるものの，社会的習慣などコミュニティを通しての

共通性や，人類あるいは生物としての共通の性質があるものと考えられる。これらの共通の性質がどのように音声などに現れるかが，コミュニケーションに寄与する情報として重要である。

5　音声の印象要素と感情

　非言語的情報を計算論的立場から3階層のモデルで記述できるものと仮説を立て，分析を行った（図6-3）。

　3階層モデルとしてはファジー推論やニューラルネットワーク，多変量解析などを用いた手法が考えられる。ファジー推論は主観的対象に対して主観的に論理を決めていく方法論であり，「感情」は主観的課題であるから整合性の良いアプローチである（赤木 10）。一方でパラメータやその重みも研究者が主観的に選択する手法なので，客観的妥当性は曖昧である。ニューラルネットワークによるモデルは学習をすることで最適な答えを導くことのできる方法であるが（大沼 04），学習データの増加により，途中で構造が急変する可能性があり，結果を導く根拠の解釈が安定しない可能性が残る。また両者とも第2層の概念が明確なモデルとなっていないと思われる。

　したがって，ここでは多変量解析に基づく3階層モデルを取り上げた（佐藤安 10）。

　第1層は音声の物理特性，第2層は物理特性に対する印象，第3層は感情などに関する非言語的情報である。第n層（n＞2）は第n-1層の線形結合で表現できるものと仮定した。

　音声という物理メディアに感情や個人性など様々な情報が畳み込まれ，音声の物理特性が変形する。その音声の変形に対する知覚（第2層の各値）には，そこに畳み込まれている情報（第3層の各値）の影響が出る，したがって第2層と第3層は同一の音声を用いることによって，第2層の評価値と第3層の評価値の間には相関が現れる。そこで，第2層の値（音

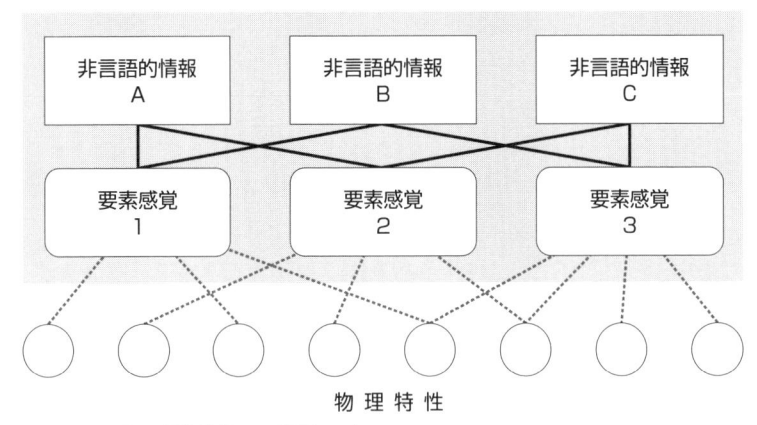

図6-3 非言語的情報の3階層モデル
(出所) 佐藤安 10。

声の物理特性に対する知覚値)の線形結合から第3層の各値(例えば各感情の程度)が予測できると考える。

　第1層は，平均f0値，スペクトル勾配，帯域などの物理特性（$fp1, fp2, ……, fpn$）である。

　第2層は，「こもった」「ざらざらした」などの印象の程度（$fi1, fi2, ……, fim$）の層である。第2層の印象は聞く人によらず比較的安定な値が得られると仮定している（中山 66）。

　なお，第3層は，感情（「喜怒哀楽」など）のような心理的領域や，男女，体調（「疲れている」など），年齢（「若々しい」など）など身体的領域，社会的地位（「偉そうな」など）など社会的・文化的領域，様々な領域に対する情報に対する印象など，また，個人性（「○×さんの声に似ている」などや魅力的な声など）や社会文化的には共通な領域など，様々な視点からの印象（評価値（$fa1, fa2, ……, fak$））などを統一的に扱う。

　「個人性」の評価や「魅力的な声」かなどは評価者に依存するため，一般共通の評価とは評価者の選定が異なることに注意を要する。「社会的地位」も評価者の特性に影響される可能性がある。

同一の音声群に対し各層及び各分類に関する主観評価を行い，その間の関係を線形予測によりモデルを構成した．

例えばモデルは，1番目の印象の程度は，

$$fi1 = wi1p1 \times fp1 + wi1p2 \times fp2 + \cdots\cdots wi1pn \times fpn \cdots\cdots$$

1番目の感情の程度は，

$$fa1 = wa1i1 \times fi1 + wa1i2 \times fi2 + \cdots\cdots wa1im \times fim \cdots\cdots$$

などと表現される．したがって，例えばある音声の持っている感情1の程度は$fa1$で，感情3の程度は$fa3$である，などと得られる．[2]

興奮状態が共通な音声では怒りと喜びの程度が共に高い値で推論されるが，文脈からどちらかが妥当であろうという判断がなされる．

実験に用いる音声は，コミュニケーションでは受け側がどのように認知するかが重要であると考え，演技による音声も分析の対象にした．テレビメディアより主観的に抽出した表現を基に，様々な状況を想定し作成された台本を用いて，「あーそうですか」という発話内容で発話されたものである．発話者については，音声による感情表出に特化しているという観点から，プロの声優としての仕事経験を持っている女性5名によった．

計5名・1405発話（1人の発話者につき281通り）を収録した．この中から本実験では，音声を同一話者のものに限定して，以下の条件により，使用音声データを選定した．

・音圧がオーバーフローしていないもの
・発話内容が明瞭に聞き取れるもの
・感情の強弱の条件が付与されていないもの

---

[2] 「感情認識」という言葉が使われる場合が多いが，「認識」は範疇的な情報を対象とした概念であり，「感情」は範疇的情報ではない．したがって，本書のように「程度」を測る「計測」的取り扱いをすべきである．

この結果，281発話中130発話を選定し，この中からさらに実験音声及び練習音声の計50音声を選択し，実験に用いた。50発話の平均発話時間は1.5秒である。なお，実験では50の音声データを使用したが，初めの5データを評価の慣れのためのデータとし，結果及び分析には使用していない。

　印象評定実験において，了解性の高い語のみを評価語として用いることで「意味のわからない評価語について音声を評価しなければならない」という被験者への負担を減らすことができると考えた。

　第2層及び第3層の分類ごとにできるだけ多くの印象語を収集し，同一音声に対し各印象語の程度（例えば7段階評価やSD評価）を行い，印象語の間の相関を調べ，相関の高い語をまとめ，まとまりごとに評価のわかりやすい代表語彙を選定，評価語とした。

　印象語は，我々が日常的に用いる感情及び要素感覚に関する印象を主観的に抽出し，従来の研究及び文献から同様の表現を補充することで収集した。

　感情に関しては，代表的と思われるものに限定した。具体的には，喜怒哀楽や基本6表情をはじめとする，従来の感情に関する研究においていわゆる基本感情として扱われているものを参考に収集した。「愛」「喜び」「恐れ」「驚き」「嫌悪」「怒り」「悲しみ」「満足感」である。予備実験によ

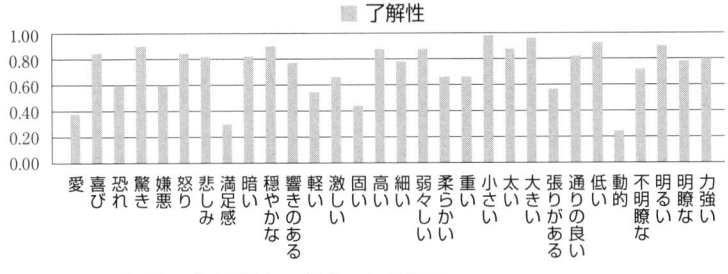

図6-4　評価語の「了解性」の視点からの評価
（出所）　佐藤安 10。

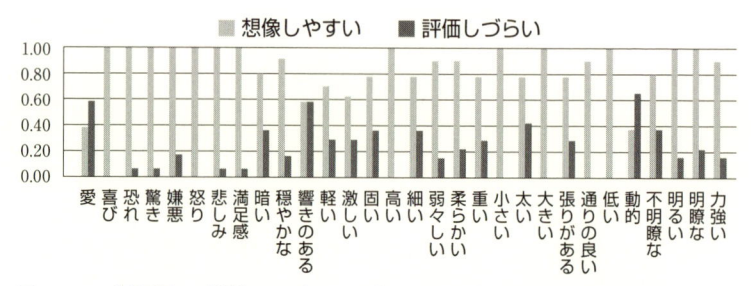

図6−5　評価語の「想像しやすい・評価しづらい」の視点からの評価
（出所）　佐藤安 10。

表6−1　選定された評価語

感情：8項目	評価語：30項目		
	要素感覚：22項目		
喜び	高い	明瞭な	明るい
驚き	低い	不明瞭な	暗い
恐れ	力強い	柔らかい	張りがある
怒り	弱々しい	固い	響きのある
嫌悪	激しい	大きい	通りの良い
満足感	穏やかな	小さい	動的
悲しみ	重い	太い	
愛	軽い	細い	

（出所）　佐藤安 10。

　りアンケート調査を通して8名の被験者内での印象語の了解性を調べ，評価語を選定した。評価語について「了解性」及び「想像しやすい・評価しづらい」の視点から評価した結果を図6−4と図6−5に示す。

　この結果，感情8項目・要素感覚22項目の計30項目が評価語として選定された。表6−1に示す。

　感情の判断は評価者の個人差が大きい。そこで個人ごとに評価結果を標準化し，モデルを構築した。

　感情ごとにその分布を図6−6に示す。横軸は実測値，縦軸は予測値である。今回の実験で用いた感情において，0.83〜0.97（平均0.93）の強い相関が確認された（図6−6（1））。leave-one-out cross-validation 法により

(1) Closed-test 結果

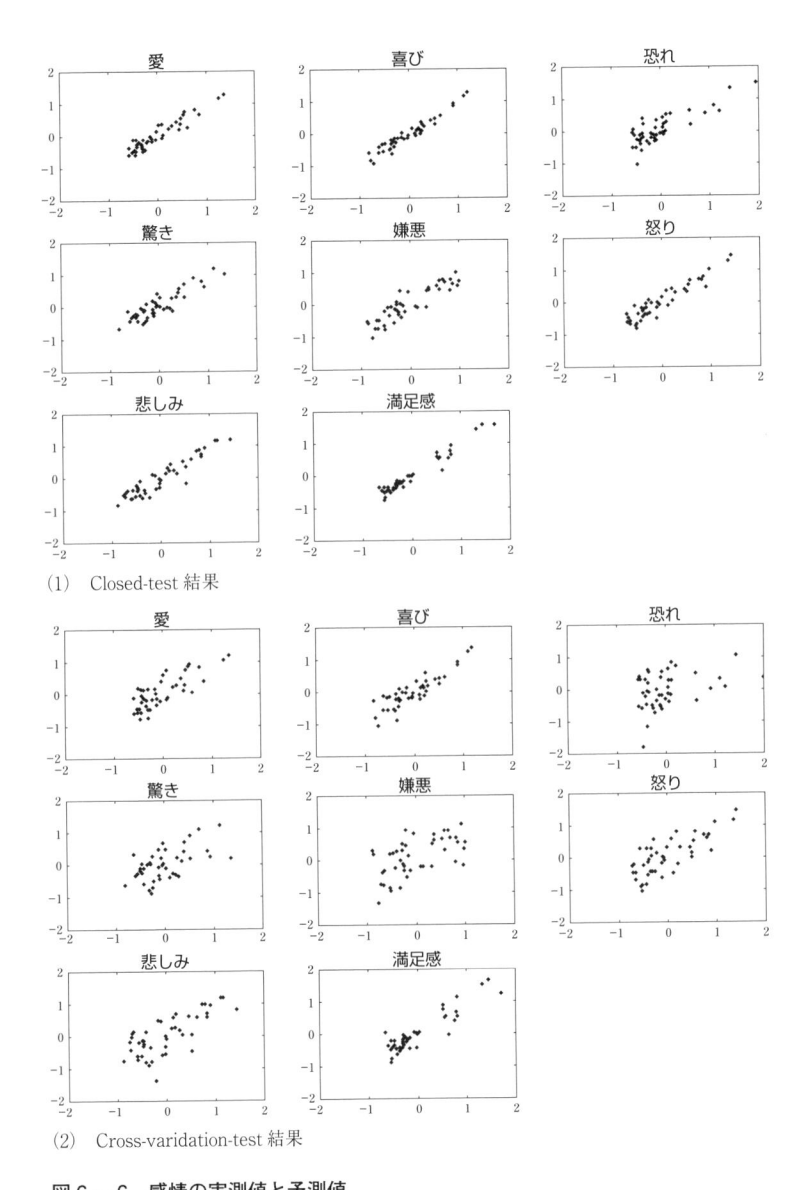

(2) Cross-varidation-test 結果

図6-6 感情の実測値と予測値
(注)　横軸：実測値，縦軸：予測値。
(出所)　佐藤安10。

2　感情情報・強調表現　143

評価したところ，実測値と予測値の相関は平均 0.69 が得られ，モデルの可能性を示すことができている（図 6 - 6 (2)）。

なお感情に関しては，音声がどのような感情表現を表しているかという視点と，その音声を聞いた自分自身がどのような感情を抱いたかという側面があり，両者を混同して評価することは避けなければならない。ここでは前者の視点から評価している。

第 2 層の評価語についてはさらに検討することが望ましい（岩宮 10）。物理的特徴を表現する言葉としては，例えば色の場合でも「オレンジ色」や「空色」のように比喩で表すものがある。音声の場合にも「明るい音」のように視覚の比喩表現などがあり得る。

したがって，このモデルにおいて，「感情」だけでなく「個人性」や「体調」など異なった第 3 層との間での横断的比較により共通に表れる評価語を選択する手法も今後検討すべきであろう。

また文化によるニュアンスの差や意識に上らない差異などが評価語には表れないことも考えられる。ただし，この点についてはモデルの結果と実評価の一致の程度が一定以上（例えば 80%）であれば，それなりに有効な情報は得ることが可能と考えている。

6　音声の強調表現

強調（プロミネンス）には様々なタイプが存在する。日本語音声の強調表現は，数タイプのアクセント指令の変形，パワーの相対的増大，ポーズの挿入，音韻持続時間の増大，のどれかまたは組み合わせにより実現されていることがわかった（中山 68b）。これらの要因はいずれもプロソディを構成しているものである。

例えば，文型を明確にするための文型固有のデフォルト的なプロミネンスとしては，平叙文の文末の 1 拍を弱めるが，疑問文として明確にする場合は文末アクセント方の強調を含め $f0$ を高くする。

表6-2 日本語音声の強調表現手法

		デフォルト		意図的			
				一般的	特殊		
		平叙文文頭	疑問文文末	分節全体	複合単語の一部	話題の一拍	全体の強め
f0	高め	◎	◎	○	○	○	◎
パワー	増大	◎	◎	○	○	○	○
時間	単音	×	◎	△	○	◎	○
	ポーズ	×	×	○	○	○	○

(出所) 武田 91a。

意図的なプロミネンスは様々な形式が見られる。強調対象のアクセント句の高レベルを強調する場合や，強調するアクセント句の前後に「間」を入れる，対比したい部分（複合語を構成する単語や，類似語の対比したいモーラ部分など）をそれぞれ相対的に強める，文法的関係を明確にするために関係情報を示す機能語（助詞や助動詞など）を強めるなどが存在する（表6-2）（武田 91a；武田 91b；Takeda 94）。

7 手話・指点字と感情・強調

手話

手話には基本周波数 $f0$ が存在しないため，音声対話に比べ手話対話では感情表現には顔の表情などを豊かに活用している。そのため否定などの感情の表現はきつく，非手話者から見ると喧嘩をしているように見える。

手話では身体動作で感情を表す例も多い。sIGNDEX 100例文の中には，例えば「じれったい」というような感情を表すのに「首振り」をゆっくり長く用いる例が観察されている。また，「待つ」という単語に伴って「首振り」が生じている例が見られたが，これは文脈から見て「待たない」ではなく，「長く待たされてイヤになった」という感情表現と解釈される。

否定的意味の手話単語（例えば「無理」「違う」「消える」など）に伴うものが100文中17例見られた。これらは「首振り」6例や「傾き」「横を向

く」などを伴っている（土肥 02a）。単語自身が否定的意味を持っているので，それを強調する感情表現機能とも解釈される。手話では副詞表現や形容表現などの修飾表現は感情表現と同様に表出の程度で表されることが多い。

修飾表現は音声のように副詞や形容詞などに語彙化されていないことが多い。修飾の強さの程度は，動作の大きさや速度が強調される。例えばゆっくりと大きく動作したり，強く早く動作したりする。

指点字

収録した指点字文（第5章第3節）を分析した。

1例を図6－7に示す。これは「明日誰とカラオケに行きますか？」という質問に対する「私は明日兄とカラオケに行きます」という文による回答の例である。「兄と」という文節の最後の点字と先行する文節の最後の点字の打点長さが長くなっているのが観察される（宮城 98）。「兄と」行

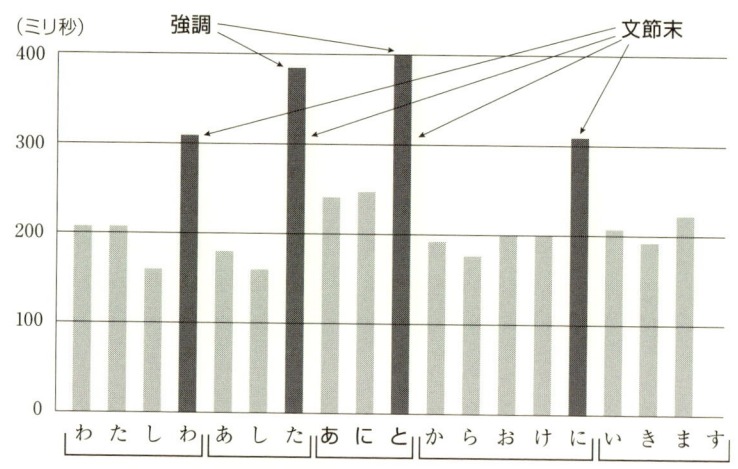

図6－7　指点字の文節境界と強調表現例
（注）　各文節の末のモーラの打点を伸ばして境界を示している。特定の文節を強調するためには，その文節と先行文節の末のモーラ長を伸ばす。
（出所）　宮城 98。

くことが明確にわかる表出である．その他の例でも同様の現象が観察された．

　また打点の強さも相対的に強くなる，あるいは先行する文節を弱くし対比を際立たせるなどの傾向が見られたが，個人差は大きい．

　感情や個人性は，指点字の打点の強さや時間間隔の変動などに表れていると思われる．なお，指の動きに関連する腕の筋肉からの筋電なども計測を試みたが，打点の強さを安定に計測することは難しい．

　東京大学の近藤らは，プロソディの有無による音声を聞いた時の通訳者の打点の強さの分散を比較し，プロソディの付加条件の場合が最も分散が大きいことを示している（近藤 08）．また盲ろう者による指点字の読み取りで，「最も肯定的か」から「最も否定的か」までを判断させている．肯定的及び平板なプロソディでは，盲ろう者と健常者の判断傾向がよく一致していた．これらの結果から，盲ろう者は指点字の打点の強さから話者の情動を推測しているとしている．

　また，神奈川工科大学の松田らは，個人差が大きいが，「喜び」はリズミカルで打点時間が短く，「悲しみ」は打点が弱く，「怒り」は打点を強く打っている．「悲しみ」と「平静」は打ち分けが難しく，休止時間で区別していると報告している（松田 03）．

　これらの報告からも，指点字でも，感情や強調などの情報が指点字のプロソディ（打点間隔や打点の強さ）で表現できることがいえよう．

3　個人性

1　個人性の知覚・認知の種類

　通常聞き手の周囲には話し手が多数存在する．それぞれの存在の違いに対して，誰が話しているかという判断により，対話内容の判断に影響を与える．

また，複数の他者が存在するという概念の獲得は，社会的存在である人の社会性の基盤として不可欠であろう。

　話し手には，家族や友人，有名タレントのようにその声を聞いたことがあり，誰の声かを特定しやすい人（知人など）と，初めてその人の声を聞く人や誰なのかを特定できない人が存在する。

　また，知人の場合でも，話し手が自分が誰なのかを名乗り，声で確認する場合（話者同定）と，話し手が知人の中の誰なのかを聞き手が聞き分ける場合（話者識別，話者認識）がある。これらの場合の違いには，知覚・認知の手続き手順や学習メカニズムも異なる可能性が存在すると考えられる。その違いは対話理解処理の速度にも影響するであろう。

2　知人など

　乳幼児は他者の存在として最初に母親の存在を知り，さらに父親や家族など，複数の人の存在とそれぞれの発話などの個人性の違いを獲得していく。対面の場合は視覚的違いと関連付けた教師ありの状態での学習となろうが，非対面の場合はあるいは強化学習的に複数の人の存在を学習していくことになろう（Nishida 05）。

　知人の場合，要素感覚が統合されたパターンとして特徴が獲得されていくであろう。そのため，知人と感じた場合の判断では，聞き手の持つ知人に関する特徴を基にトップダウン的にパターンとして判断している可能性が高い。そのため，いわゆる思い込みから，多少の違いや条件の違いがマスクされ，判断する場合がある。このようなエラーは目撃証言の実験でも確認され，知人の目撃証言の信頼性には問題があることを示している（浅井 04）。

3　非知人

　知人以外の人の個人性の判断では，おそらく個人性感覚を呼び起こす要

素感覚的レベルの概念の獲得を通して，その組み合わせで判断するものと思われる。この点で知人とは個人性の知覚・認知のプロセスが異なる可能性があり，対話理解処理の速度にも影響する可能性は高い。

　もちろん，知人の誰に似ているという全体的なパターンレベルでの判断も当然存在することを否定するものではない。

＃ 第7章
身体動作・表情とプロソディ

　ここでは身体動作や表情がプロソディの機能と類似の機能を持つ場合があることに注目する。

　音声対話においては，表情も感情や発話者情報など様々な情報を伝えている。特に音声の多人数対話ではプロソディに代わって身体動作や視線が重要な機能を果たしていることが知られている。そこでここでは，多人数対話の例として身体動作や視線の機能も取り上げることとする（坊農 10）。

　身体動作のコミュニケーションにおける役割は，言語獲得と並行して獲得されるということが注目されている（Raffer-Engel 80）。発声器官が発達する前の幼児期には，音声の代わりに身体動作で表現する例が見られる，あるいは身体動作が持つ様々な社会的習慣としてのコミュニケーションが自閉症児では苦手であるなどの非言語的機能の研究も存在する。

　なお，音声言語では言語的情報とプロソディ情報が共に音声信号に表れているように，手話では言語的情報とプロソディ機能が共に身体動作や視線に表れている。指点字では，言語的情報とプロソディ機能が共に指先動作に表れている。まさに手話や指点字では，プロソディは身体動作が担っているのである。

1 うなずき

「うなずき」には受け手が行う「あいづち」等と同様の機能を持つものと，発話者が発話に伴って行うものが存在する。

1　音声対話における「うなずき」

　対立意見対話データ（第3章第1節参照）から男女2組，計4組のプロンプタを介して収録した自然対話約13分のデータを用い，「うなずき」現象の現れる部分を分析した（庵原04）。567個の「うなずき」が観測された。その他に無音中の「うなずき」や重複発話中の「うなずき」など90個が観測されている。

　ここでは主に前者の567個を検討の対象にする。一般的に「うなずき」は「あいづち」と同様に聞き手によるものが多いと考えられてきたが，567のうち，話し手によるものが369（65％），聞き手によるものが198（35％）で，予想に反して話し手によるものが非常に多いことがわかった。聞き手によるものは「あいづち」と同じ機能があるものと考えられるので，予想と異なって多数観測された話し手の「うなずき」を対象に分析した。

　話し手の「うなずき」の369のうち196は発話末に生じている。そこで先ず発話末の「うなずき」に注目し，分析を行った。話し手の発話末の「うなずき」に対する聞き手の反応（「うなずき」と「あいづち」）の出現頻度を表7－1に示す。話し手の発話末に「うなずき」がある場合の方が聞

表7－1　話し手と聞き手の「うなずき」の頻度と比率

	話し手	聞き手	合計
頻度	369	198	567
比率	65％	35％	100％

（出所）　庵原 04。

表7-2 話し手発話末の言語的情報に対する聞き手の反応（うなずき，あいづち）

		話者交替	聞き手の反応			反応なし	合計（数）
			うなずきあいづち	うなずきのみ	あいづちのみ		
発話末の言語的情報	あり	交替	—	47%	—	53%	60
		継続	24%	32%	9%	35%	69
	なし	交替	—	34%	—	60%	80
		継続	15%	20%	9%	50%	177

（出所）堀内 04。

き手の反応の頻度が高い。また話者交替に比べ，話者継続時の方がその傾向が強い。

　言語的情報との関係では，メイナードの指摘（メイナード93）を参考に，終助詞・間投助詞（「さ」「ね」「の」「よ」「な」「じゃん」），助動詞（「でしょ」「だ」）との関係を調べた（表7-2）（堀内04）。言語的情報のある場合はない場合よりも聞き手の反応の頻度が高い。この場合も話者継続時の方がその傾向は強い。

　次にプロソディ，特に基本周波数 $f0$ との関係を見る。発話末の $f0$ の特徴が話者交替や継続に関係が深いことを第3章第5節第4項で触れた。発話末の特徴の中でも特に顕著な山形イントネーション（尻上がりイントネーション）と発話末のモーラの音引き現象[1]（山形イントネーションとの重複を除く）との関連を表7-3に示す。

　山形イントネーションや発話末のモーラの音引き現象が生じた場合，話者交替に比べ，話者継続の頻度が高い。山形イントネーションは聞き手の「うなずき」や「あいづち」の反応が非常に高くなっている。

　話し手の「うなずき」・「言語的情報」・「プロソディ情報」の相互的関係

---

[1] 音引き現象：発話単位の最後のモーラがそれ以前の平均的モーラ長に比べ引き伸ばされる現象。主に助詞などに見られるが，名詞の最後のモーラに出現する場合もある。

表7-3 話し手発話末の韻律的情報に対する聞き手の反応（うなずき，あいづち）

		話者交替	聞き手の反応			反応なし	合計（数）
			うなずきあいづち	うなずきのみ	あいづちのみ		
発話末の韻律的情報	山形	交替	—	32%	—	68%	22
		継続	32%	27%	6%	35%	66
	音引	交替	—	30%	—	61%	18
		継続	14%	11%	8%	67%	36
	なし	交替	—	41%	—	59%	100
		継続	13%	35%	10%	53%	144

(出所) 堀内 04。

を調べた。発話末の話し手の「うなずき」「言語的情報」と聞き手の反応を表7-4に示す。

話し手の発話末に「うなずき」がある場合は，ない場合に比べ，言語的情報の有無を区別しないとき，聞き手の反応（「うなずき」「あいづち」）の率は72％：31％と高い。「言語的情報あり」と「言語的情報なし」では，「うなずき」の有無を区別しないと，65％：44％で「うなずき」に比べ差が小さい。話し手の「うなずき」が聞き手の反応を引き起こす効果が言語的情報より大きいことを示唆している。

発話末の話し手の「うなずき」「韻律的情報」と聞き手の反応を表7-5に示す。

話し手の発話末の「うなずき」は非常に高い頻度で聞き手の反応を引き起こしているが（72％），それに比べ韻律的情報に対しては高くない（54％）。ただし，「うなずき」のある条件下で韻律がある場合とない場合を比べると77％：68％で一定の効果が認められる。

「うなずき」の有無にかかわらず，言語的情報と韻律的情報の関係を見ると，差は小さい（表7-6）。両者が共にある場合の方が，反応を引き起こす程度は高いことが認められる。

表7−4 話し手の「うなずき」「言語的情報」と聞き手の反応

		話し手のうなずき		合計
		あり	なし	
話し手の 言語的情報	あり	34/13 72%	11/11 50%	45/24 65%
	なし	48/19 72%	30/80 27%	78/99 44%
合計		82/32 72%	41/91 31%	123/123 50%

（注）　各欄は「聞き手」の反応「あり」／「なし」の頻度と「反応ありの比率」。
（出所）　堀内 04。

表7−5 話し手の「うなずき」「韻律的情報」と聞き手の反応

		話し手のうなずき		合計
		あり	なし	
話し手の 韻律的情報	あり	39/12 76%	17/35 33%	56/47 54%
	なし	43/20 68%	24/56 30%	67/76 47%
合計		82/32 72%	41/91 31%	123/123 50%

（注）　各欄は「聞き手」の反応「あり」／「なし」の頻度と「反応ありの比率」。
（出所）　堀内 04。

表7−6 話し手の「言語的情報」「韻律的情報」と聞き手の反応

		韻律的情報		合計
		あり	なし	
話し手の 言語的情報	あり	22/11 67%	23/13 64%	45/24 65%
	なし	34/36 49%	44/63 41%	78/99 44%
合計		56/47 54%	67/76 47%	123/123 50%

（注）　各欄は「聞き手」の反応「あり」／「なし」の頻度と「反応ありの比率」。
（出所）　堀内 04。

このように，話し手の「うなずき」は聞き手の反応を引き起こす重要な要因となっていることが示唆された。円滑な対話を実現するための重要な情報となっていると考えられる。

さて，「うなずき」の分類はメイナードが行っているが，分析の結果にはメイナードの分類では説明できない事例が多く見出されたので，図7－1のように体系的に分類し，分析を行った（庵原 04）。

図7－1の記号（タグ）は以下のようになる。

　B（Backchannel）：あいづち

　U（Utterance）：話し手の発話途中

　T（Top）：話し手の発話開始（次発話）

　　Ta：継続時（継続後）

　　Tc：交替時（交替後）

　F（Final）：話し手の発話末

　　F3a：継続時

　　F3b：交替時

語	A	発話	発話				発話	発話
	B							
うなずき	A	U	F3a F4a	Na	Aa	Pa	Ta	U
	B	B						

話者継続時

語	A	発話	発話					
	B						発話	発話
うなずき	A	U	F3b F4b	Nb	Ab	B		
	B	B		Nc	Ac	Pc	Tc	U

話者交替時

図7－1　時間軸による分類
（出所）　庵原 04。

F4a：継続時，複合うなずき

　　F4b：交替時，複合うなずき

　N（Next）：発話直後

　　Na：継続時，話し手の発話直後

　　Nb：交替時，話し手の発話直後

　　Nc：交替時，聞き手の発話直後

　A（After）：発話間のポーズ

　　Aa：継続時，話し手の発話間

　　Ab：交替時，前発話者の次発話者までの間

　　Ac：交替時，次発話者の発話間

　P（Prior）：発話直後

　　Pa：継続時

　　Pc：交替時（次発話者）

　話者継続時と話者交替時に分け，音声の発話時との時間関係で話し手と聞き手の「うなずき」の分類を行った。ここでは聞き手の「うなずき」は一律「あいづち」とした。

　分類ごとの出現状況を表7－7に示す。話し手の発話継続中の「うなずき」Uがかなりあることがわかる。

　それを説明するために，継続発話を観測すると，継続発話は幾つかの情報を伝える単位の時系列と見なすことができ，その切れ目で「うなずき」が生じていることがわかった。その単位を「情報伝達単位」（ITU：Information Transmission Unit）と呼ぶこととする。

　以上の結果を整理すると，「うなずき」の機能は，

・あいづち

・ITUの切れ目の明示

・直前のうなずきに対する反応（インタラクション）

・相手の応答をうながす

表7−7 「あいづち」と「うなずき」の分類ごとの頻度

発話末	F3a	10.8%	F3b	10.5%		
	F4a	3.6%	F4b	6.2%		
発話直後	Na	0.8%	Nb	1.4%	Nc	0.8%
無音区間	Aa	0.5%	Ab	0.6%	Ac	0.2%
発話直前	Pa	0.6%			Pc	0.5%
発話開始	Ta	5.6%			Tc	6.8%
発話途中	U	18.1%				
あいづち	B	33.1%				
合計		100%				

(出所) 庵原 04。

に分類される。

　強調は，強調したい機能語や単語，話題の主題となっている語などと同期して生じる。継続発話の最後も当然ITUの境界であり，交替時の前後やインタラクションの「うなずき」はこのITUの境界付近で生じると見なすと，多くの「うなずき」を説明することが可能である。

2　音声対話と手話対話の「うなずき」の比較

　音声対話においては「うなずき」や「あいづち」を多用することにより，話し手と聞き手がお互いに密接に協調し合って対話を進めているといわれている（メイナード 93）。手話対話においても「うなずき」が重要であることを第4章第6節で述べた（土肥 02b；前田 03b）。

　このように，「うなずき」現象は「音声対話」でも「手話対話」でも円滑な対話を実現する上で重要な機能を持つものと思われる。そこで両者を比較することにより，その共通性と独自性について検討する（山崎 06）。

　分析した対話データは，手話については対立意見手話対話（第4章第2節参照）の女性2名の対話を，音声についても対立意見対話（第3章第1

節参照）から男女各2名の対話を各々用いた。

　発話単位としては，音声では200ミリ秒のポーズで分割した。手話については ポーズが存在しないため，第4章第3節第1項に記述した手話のポーズで，音声の切り方に近い値である7フレーム（約230ミリ秒）で区切り，発話単位とした。これは両者の比較のために発話単位の切り出し条件を近いものとするために設定したためである。発話単位の発話長の分布は若干手話の方が長いが，分布の形状はよく似ている。長さの若干の違いは分布の形状から見て本質的ではなく，発話者の数が少ないための個人差によるものと思われる。

　「うなずき」の定義は第4章第6節第2項の首動作の分類から縦方向の動きのみとし，連続した複数回の「うなずき」も1回と見なした。「うなずき」の判断は熟練した3名の作業者で行い，不明な点については3名で協議し判定した。なお，「うなずき」と類似の行動に「あいづち」があるが，ここでは形式的に分類し，「音声」および「手指信号」によるものとした。

　「うなずき」には「話し手」によるものと「聞き手」によるものがある。「話し手」の「発話」と「うなずき」の時間関係は第4章第6節第2項における分析と同様の考え方によっている。

　「話し手」に関しては，発話開始直前の「うなずき」は音声に多く見られるが，手話では開始後の方が多い。また，発話終了時点での「うなずき」は共に多い。しかし，音声では発話終了後の「うなずき」（「後続うなずき」）が非常に少ないのに対し，手話では相対的に多い。手話の「後続うなずき」は接続詞的機能を持つものがあると思われる。また，手話の文末の「うなずき」は非公式の場では少ないように見受けられる。発話の切れ目を明示する機能とも解釈される。手話の「話し手」による「うなずき」の詳しい分析は第4章第6節第2項を参照されたい。

　手話の「聞き手」の「うなずき」は「話し手」の発話開始との関連性は

小さいように見える一方で，相手の発話中における「聞き手」の「うなずき」は頻繁に生じている。音声では「話し手」の発話開始と関連した「聞き手」の「うなずき」が見られる。音声対話では「話し手」の「うなずき」が「聞き手」の「うなずき」を誘発し，対話の同期に貢献している可能性がある（前田 03b）。

　音声対話においても手話対話においても「うなずき」はインタラクションを円滑に制御する機能を持つと思われるが，その表れ方は上記のように同じではない。

　音声と手話では多くの条件で異なり，その影響は単純ではない。この結果だけで「音声対話」と「手話対話」の異同を論じることは危険である。

　音声と手話ではメディアの性質が異なり，音声対話では対話者の音声が相互に干渉するのに対し，手話対話では相互に妨害はしない。健聴者の音声対話では「音声」は「口」で発信し，「耳」で聞き，同時に「身体動作」で「うなずき」情報を発信し，「眼」で受信するという「マルチモーダル」状況の中で行われる。

　それに対し聴覚障害者における手話対話は「身体動作」で「手話表現」と「うなずき」などの両方の情報を発信し，「眼」で両者を受信する。

　また音声言語と手話言語は文法なども異なる。同じ「音声」でも「日本語音声」と「英語音声」では文法など言語体系が異なる。「手話」においても「日本手話」と「アメリカ手話」では文法が異なる。さらにはそれぞれの背景にある社会的習慣も異なる。「話し手」と「聞き手」の社会的関係の影響も重要である。

　しかし対話を円滑に進める上で，重要な機能を担っているという点は同じと考えてよいだろう。

3　指点字における「あいづち」「うなずき」機能相当動作

　全盲ろう者は視・聴覚の利用ができないため，「あいづち」や「うなず

き」の情報は触覚情報で提供される。

　音声対話などでは発言を始める合図に「はい」などと言ってから話し始めることが多く，また顔の向きや息遣いの変化などで聞き手はそれを察することが多いが，全盲ろう者はそのような情報を得ることができない。指点字通訳者は盲ろう者の手を触ったり，軽くたたいたり，持ち上げるなどをして，通訳の開始を知らせる。

　また，第5章第8節に記述したように，盲ろう者の発言に対する「合意」の意味での「あいづち」や「うなずき」の機能は，盲ろう者の手に掌で軽く丸などを描く。

　「聞いている」という意味での「あいづち」や「うなずき」の機能は，軽く「とんとん」と2回程度たたく動作をすることが多い。

2　視線

1　音声対話における視線

　対立意見対話データ（第3章第1節参照）を用いた。男女各6名で2名ずつ6組のペアのデータを解析した。12名のうち1〜6が男性，7〜12が女性である（表7-8）（前田03a）。

　表7-8から話し手の方が視線を逸らす割合が高いことがわかる。また個人差も大きい。

　そこで各対話者の組の中から収録環境に慣れ，対話が安定し自然な状態となっている2対話目のデータを詳細に解析した。観測対象としては，発話単位として「400ミリ秒以上の無音区間で区切られた音声連続」とし，各単位の開始時と終了の前後10フレーム区間とした。対話のインタラクションの現象がこの付近に顕著に現れると仮定したためである。

　表7-9と表7-10に，発話単位終了時および発話単位開始時の話者交替および継続において，発話者が相手を「見ている」か「逸らしてい

る」かの割合を示す（前田 02）。

話者交替時には「見ている」割合が6割に及んでいるが，継続時には逆に「逸らしている」割合が6割となっている。

「相手を見ながらのうなずき」は発話権を譲り受けるシグナルとして，「視線を逸らす」ことは発話権を維持するシグナルとなっている可能性が示唆される。

表7－8　話し手，聞き手，全体における視線の状態

話者	話し手				聞き手				合計			
	見ている		逸らしている		見ている		逸らしている		見ている		逸らしている	
1	67.20	66	34.30	34	106.24	92	9.48	8	173.44	80	43.78	20
2	121.49	88	16.72	12	81.25	98	1.44	2	202.74	93	18.15	7
3	95.70	78	26.36	22	88.92	94	5.67	6	184.62	85	32.03	15
4	100.40	87	14.41	13	97.87	93	7.51	7	198.27	90	21.92	10
5	49.15	42	66.73	58	93.93	90	11.01	10	143.08	58	77.75	42
6	74.44	73	28.16	27	116.28	96	5.21	4	190.73	77	33.37	23
7	109.74	79	29.30	21	92.73	84	17.02	16	202.47	73	46.31	27
8	127.96	83	25.89	17	88.76	92	7.77	8	216.72	77	33.67	23
9	74.64	78	21.59	22	148.68	99	1.57	1	223.33	91	23.16	9
10	114.42	68	53.89	32	72.14	94	4.77	6	186.56	73	58.66	27
11	83.42	48	88.79	52	62.33	71	25.66	29	145.75	54	114.45	45
12	86.95	68	41.01	32	117.55	90	13.55	10	204.50	73	54.56	21
全体	1,105.51	71	447.15	29	1,166.7	91	110.64	9	2,272.21	80	557.80	20

（注）　各欄の左側の数値は合計時間（秒），右側の数値は比率（％）を表す。
（出所）　前田 03a。

表7－9　発話者の発話単位終了時の視線の状態

	相手を見ている	逸らしている
全体	69%	31%
話者交替時	85%	15%
話者継続時	54%	46%

（出所）　前田 02。

表7－10　発話者の発話単位開始時の視線の状態

	相手を見ている	逸らしている
全体	51%	49%
話者交替時	62%	38%
話者継続時	40%	60%

（出所）　前田 02。

なお話者交替時における視線に関しては，坊農 08 にも詳しい分析結果が報告されている。

2 音声対話と手話対話の視線動作

手話では視線は代名詞の機能や修飾語（驚きなどの程度の表現などの副詞的・形容詞的表現）の機能など，言語的情報と考えられる重要な働きを持っている（第 4 章第 6 節第 5 項参照）。

一方で日本では手話と音声共に話し手が聞き手から視線を外している時は発話権を維持したいという意思表示を，聞き手に視線を戻す時は発話権を譲る意思表示を表すことがある。

このように日本では音声対話でも手話対話でも，発話権を持つ場合，視線を聞き手から外すことが多いが，国により文化により異なるようである（リッチモンド 06）。

音声対話と手話対話における視線の機能は，対話を円滑に進める機能としては，それぞれに重要な役割を持っているといえよう。第 4 章第 6 節第 5 項を参照されたい。

3 多人数対話と身体動作・視線

「対話」と聞くと何となく「1 対 1」の場面を思い浮かべるのが普通である。「対話の研究」や「対話システムの開発」でも多くは 1 対 1 を想定している。しかし日常生活では職場にしても家庭の中においても複数の人によって会話は行われることが多い。3 人以上の人間が対面してやり取りする様は「多人数インタラクション」などとも呼ばれる（坊農 08；坊農 10）。

多人数対話では次に発言する人はどのように決まるのか，発言しない人の位置付けはどのようなものなのか，対話に参入したり離脱するのはどのように行われるのか，など「1 対 1 対話」では見られない課題が多数存在

する。多人数対話の分析を通して，対話のより一般的・本質的な実態が明らかになってくる。そこでは音声発話や言語的情報だけでなく，プロソディ，表情や視線，ジェスチュア，空間的な相互の位置関係の認識などマルチモーダルな状況が重要な情報を持っている。

なお，音声と同じく対話型自然言語である手話の多人数対話の分析も重要な視点となる。聴覚言語と視覚言語というメディア及びモダリティの性質が異なる両者の総合的比較を通して，対話現象に関する本質的構造を理解する上で重要なヒントが得られるものと期待される。

4 言語発達と身体動作

1 言語獲得と身体動作・プロソディ

プロソディや音韻カテゴリーの認知機能は先天的だという説がなされているが，具体的にその機能の構成がどのようなものかは明らかではない。なお，国立病院機構の加我君孝臨床医療センター長からの私信によれば，2歳以下で人工内耳を挿入するとかなり自然なプロソディを獲得できる場合が多いが，2歳を過ぎると年齢とともに段々と困難になるとのことである。

子供の言語獲得の推移に関しては多くの報告があるが，子供による個人差もあり，報告によりある程度の幅が存在する。以下に様々な報告を基に言語獲得の経緯をまとめてみる（小林 08；桐谷 99；正高 01；久保田 99；心の発達 02；小椋 01；鳥越 95）。

胎児は妊娠4ヶ月で聴力が発達し，6ヶ月では内耳が完成するため母親の声は体内で聞いており，言語獲得の準備が進んでいるともいわれている。出産後月齢0ヶ月の新生児は母親のマザリーズの抑揚に反応するという。

大きな傾向としては，先ずは四肢の反復運動が生じ（下肢月齢4ヶ月，手6ヶ月），それをベースにプロソディのリズムのベースが獲得され，その上に基本周波数 *f0* やストレスによるプロソディの感覚が形成され，単

語レベルのセグメンテーション機能の獲得が始まる（7ヶ月）。月齢8ヶ月頃喃語が発現し，この頃，手の反復動作が消失する。10ヶ月では言語によるがプロソディの節構造の認知が可能になり，英語では語のセグメンテーションが可能になるとの報告もある。初語発声は10〜15ヶ月である。12ヶ月頃には母語の音韻体系の獲得がなされる。15〜18ヶ月では身振りと単語を組み合わせて情報を表現する現象が出現する。

　先天性の聴覚障害児に関する報告は少ない（鳥越 95）。胎児の時期には母親の声を胎内で聞くことができないため，初期における発達にはやや遅れがあるようである。月齢4ヶ月で非指示的ジェスチュアが見られ，6ヶ月ではシンボリックジェスチュアが発現，7〜12ヶ月で手話単語が初出（アメリカ手話での報告），9ヶ月で手話喃語が見られるという報告もある。10〜11ヶ月で手のリズミカルな繰り返し運動が観察され，手話的リズムが見られるようになるようだ。12ヶ月では人を指す指差しが消失し，代わりに代名詞的指差しが出てくるという。

　このように，音声においても手話においても，四肢の反復運動から発達してプロソディのリズムが獲得され，その上にプロソディ情報などを用いた語彙のセグメンテーション機能が得られ，その基盤の上に語彙が獲得され，さらには2語文（20ヶ月）などの複雑な発話が可能になってゆく。

　身体運動やプロソディが言語獲得の基盤として重要なことがわかる。

2　心の理論・心の理解

　対話が円滑に成立するための重要な要件の一つに，対話の相手となる他者が存在することを理解できることが挙げられる。「心の理論」あるいは「心の理解」と呼ばれる領域の課題である。自己や他者の概念を獲得するプロセスについては様々な見解があるようである（木下 08）。

　本書ではその一つの可能性として，自他の感情変化による対話状態のダイナミックな変動が影響していると考える。その結果，「叱られている」

という自己中心の視点のみの理解から，「自分に対して怒っている他者が存在している」という視点が生まれてくると思われる。これには感情に関する発達が大きく関与することになる。感情は表情や音声に表れる。したがって，相手の表情や音声が表出する感情の理解が重要になる。

表情の観察を中心とした研究では，感情を表現した表情の区別や社会的参照は生後7ヶ月を過ぎて可能になるとされているなどの報告がある。また，乳幼児に対し両親は優しく語りかけたり，あやしたりして乳児の情緒的調整を行うが，6ヶ月を過ぎると乳児は情緒の自己調整を行うようになるという研究もある。

これらのことは，細かなものを見る視覚の機能の発達には生後約6ヶ月を要することと関係しているように思われる。それまでは子供は音声を通して感情や情緒に関する機能を獲得していくのではなかろうか。

また，第9章第7節第2項に述べるように，他者とのインタラクションを通しての相手の状態によるリズムの変化の認知も，他者の存在という概念を獲得する上で重要な働きをしているものと思われる。

さらに社会的立場や相互関係，地域性，育成環境など様々な発話者情報は，音声からは得られる可能性があるが，表情からは得られない情報であろう。このように考えると，対話言語から得られる発話者情報は極めて重要である。

顔の表情などを定量的に記述することはかなり困難のように思われる。例えば，眉の寄せ具合をどのように定量的に記述するかは，個人差の正規化が必要になろうが，実現はかなり難しいであろう。これに比べ，音声信号処理の技術は大きく進展し，音声の特徴を定量的に記述することが相当程度に可能となっている。

なお，第1章第6節に記述した合意形成などは，その前提としてこの「心の理論」「心の理解」という他者の存在を認識できて，可能となると考えられる。

3　実時間対話機能としてのプロソディと自閉症

発達障害の例として自閉症がある。自閉症に特徴的な問題として，対人関係の処理が困難なこと（Hobson 89），感情情報処理が困難なこと（Frith 94），視覚刺激による情報処理に比べ聴覚刺激の処理が苦手な傾向があること（山本 00），話し方がモノトーンだったり，甲高かったりすること（内山 89）などが挙げられている。

感情に関しては，表情を通しての研究は多いが，音声を通しての検討はほとんど見られない。

第1章第6節に記述した対話モデルにおいて，音声などのメディアに関するレベルから，合意形成のレベルまでのどの部分かに障害が存在する場合，自閉症のような障害が生じる可能性が考えられる。しかし，語彙の種類（品詞）の獲得については，獲得の速度が異なるにしても，健常児と自閉症児の間での違いは小さいようである（伊藤友 00）。

これまでのこれらの報告を見ると，音声，特にプロソディを活用した対話の運用や感情の情報処理に課題があるのではないかと思われる。今後一つの可能性として検討すべき項目であろう。

例えば，円滑な対話の音声を分析し，第3章第5節で指摘したプロソディの特徴の有無の条件の異なる2種の音声を再合成し，両者に対し差異が見られるか健常者の脳を観察する。あるいは当事者の協力を得て，その音声のプロソディを分析し，第3章第5節で見出された特徴の有無を観察するなどが当面考えられる。

また感情理解に関連した手がかりを得るには，次のような方法が考えられよう。第4章第6節第3項で示した手話に関する聞き手の反応に対する話し手の変化の分析と同様に，音声対話を行い，自然な応答と制御された応答に対する受け手の音声や脳の反応の差異を観察する。

上記の仮説が裏付けられれば，それを手がかりに，訓練方法などに対するヒントが得られることが期待されよう。

第8章
知覚・認知と実時間処理

　真に実時間対話が可能になるためには，関連情報に対する人の身体レベルでの処理が可能でなければならない．本章では，主にプロソディ情報に関して，人の知覚の感覚器における身体的特性に基づく実時間信号処理の可能性や，認知レベルにおけるに情報アクセスに関する実時間処理の可能性について検討を行う．

1　入力パターンの正規化

　男女や子供の音声はそれぞれ基本周波数 $f0$ の高さが異なるが，イントネーションやアクセントなどに対しては同様に実時間で理解することができる．体の大きさの違いは声道長にも影響し，共振特性であるフォルマント周波数の違いに現われるが，音韻性も同じように実時間で理解することができる．
　このような差は正規化処理により可能と説明されている．正規化には通常割り算の演算が必要と考えられる．しかし，生物の優れた脳であっても割り算を実時間で行うことは無理であろう．

しかし何らかのそれを可能にしている仕掛けがあるはずである。音声のプロソディを構成する音の強さや音の高さの知覚処理は実時間処理向きになっているのではないか。

視覚や聴覚の刺激に対する感覚量の性質としてフェヒナーの法則というものが知られている。感覚は刺激の量の対数に比例するというものである。

$$R = k \log S \quad (R\cdots感覚量,\ k\cdots定数,\ S\cdots刺激量)$$

音の高さについて見ると，実測したデータを基に音の高さの感覚を表すものとしてメル尺度というものが知られている。対数尺度によく似た特性となっており，フェヒナーの法則がほぼ成立している。音の高さや大きさは耳の蝸牛部分でこのような特性に変換されている。言い換えると身体に入力される刺激量は感覚器で対数特性に近似的に変換されていることになる。

メル尺度などの特性は，おそらく進化の過程で対数特性を近似するものとして獲得されたもので，完全には対数特性にまでには行ききれなかったと考えるべきであろう。

さて，対数をとると割り算の値は引き算になる。

$$\log (a/b) = \log a - \log b$$

この機能により正規化が可能になると考えられる。

引き算は，神経回路網の結合特性で，実時間で実現することが可能だろうと思われる。例えば抑制などの特性は引き算的機能を実現しているのではないか。このように考えると，感覚器で対数特性に前処理されていることにより，正規化処理も実時間で可能になっていると予想することができる。

実際男女の音声について，聴覚特性に合わせて，その対数基本周波数 $\log f0$ の時間変化パターンに注目し，それを1モーラ程度の長さである間

隔（150ミリ秒）で区切り，その区間での変化を直線近似し，その勾配をとってゆくと（対数化した領域での直線の始点と終点の差となるので割り算をしたことになる），その分布は男女の間でほとんど重なることがわかる（市川 96b）。人の感覚は変化に敏感であるが，このように勾配をとるということは，その変化を見るということを意味する。基本周波数 $f0$ の変化パターンは正規化がなされていることを意味するといえよう。

このように考えるとフェヒナーの法則は本質的に重要な性質ではないかと思われる。

2　知覚と実時間処理

第3章第5節第1項で用いたGAによる分析は，人が脳内でこのような処理を行っていると主張したものではない。$f0$ パターンにどのような情報が含まれているかをF0モデルで表現されるパラメータにより分析するための手段として用いたものであることは既に述べた通りである。

第3章で述べた各種の予告情報が，対数化され正規化された $f0$ パターンと対応付けられて脳内に記憶されていると仮定するならば，$f0$ パターンから予告情報を検出することは実時間で可能となると考えられる。

$f0$ パターンの冒頭部分の，どの程度の長さを知覚すればプロソディの予告情報を把握できるかの解明は，今後に残された課題である。音の時間特性の知覚に関しては必ずしも明確になっていない。寺西 84 を参考に古井は，聴覚の分析単位は 20 ミリ秒，200 ミリ秒，2 秒と見ており（古井 09），これに従えば 200 ミリ秒程度の時間経過で判断しているのではないかと思われる。[1]

---

[1] 聴覚の時間特性：音は時間情報でありながら，寺西のこの記述以降の聴覚に関する辞典類には，聴覚の時間特性に関するまとまった報告はほとんど見られない。

正規化したパターンとして順次入力されてくるに従い，神経回路網により心的辞書に記録されているパターンと，例えばパターンマッチングなどの処理が進行し，だんだんに絞られてゆく構造を想定すれば，予告情報を持つ入力パターンからの予測が可能と考えられる。

3 心的辞書と実時間処理

脳内の言語辞書（心的辞書）の構造がどのようになっているかは，対話の実時間性と関係の深い，極めて重要な課題である。特に入力されてくる音声や手話，指点字情報から，どのように語彙が引き出されるのか，その過程は実時間性に大きな影響を与える。

失語症などに関する従来の多くの研究では，例えば音声の場合，入力を一旦音韻系列として認識し，辞書を引くプロセスを想定しているように思える。しかし，音韻認識を行い，それを基に辞書を引く構成は実時間処理に間に合わないのではないかと考えられる。

日常的に点字を使っている視覚障害者は点字を1つずつ読むのではなく，指先を流れる触覚のパターンから情報を得ている。音声において母語音声を聞く場合も，通常は音韻を意識していない。音韻を一旦認識し，それを用いて心的辞書にアクセスするのではなく，例えばスペクトルの時間系列パターンにより直接心的辞書にアクセスしているのではなかろうか。

第3章第7節にも記述したが，河野によれば，音声は410ミリ秒以上の音韻の間隔を持つリズムは真似をするのに練習が必要なのに対し，330ミリ秒以下の間隔のリズムは練習することなく追従が可能であり，前者は論理的処理のための時間であり，後者は論理的処理のない処理に対応すると考えられている。

第5章第5節第2項でも触れたように，指点字文で文節間の間隔は400ミリ秒以上であり，文節内では300ミリ秒程度であった。

手話でも第4章第6節第3項に示したように，手話を母語とするろう者の手の運動を周波数分析すると，2つの山が存在することが観測され，ちょうど300ミリ秒以下（3Hz以上）と400ミリ秒以上（2.5Hz以下）に分かれている。

　このことから，音声も手話も指点字も文節内（語彙レベルといってよいであろう）の時間構造は論理的処理を伴わないものとなっているといえよう。言い換えれば音韻認識を行い，その結果を組み合わせて心的辞書にアクセスするというような論理的処理を伴う2段階の処理では説明は難しいのではなかろうか。

　なお指点字では，入力が既に音韻またはモーラレベルのコードとなっており，信号レベルのパターン情報である音声や手話とは構造が異なる。1段階少なく心的辞書にアクセスしている可能性がある。しかし，上述の視覚障害者の点字を読む動作からも推察されるように，コードと見なすのではなく，コードがベースになっている揺らぎの小さいパターン情報と考えることもできる。

　このように考えると，心的辞書の中で，話題に関連している語彙群の中からアクセント情報などから予測されるモーラ数が近いものが活性化されており，そこに入力信号のパターンによりアクセスされるようなプロセスが考えられよう。

　ただし，曖昧な時には知覚レベルでの短時間記憶に再度アクセスし，音韻レベルでの認識を行い，音韻構成を確認し，心的辞書に再度アクセスするプロセスも存在するであろう。

　いずれにしても未解明な重要な課題である。今後の解明に向けた進展を期待したい。

第9章
実時間対話言語のモデル

　最後に，これまでに述べてきた音声，手話，指点字について横断的に概観し，実時間対話言語におけるプロソディ情報の持つ機能の特徴についてまとめることとする。また今後に残された課題や応用についても触れる。

1 声・手話・指点字の言語特性

　モダリティ（知覚）の視点から見ると，音声，手話，指点字は，表9－1に示すように，それぞれ聴覚言語，視覚言語，触覚言語として異なった特性を持つ。しかし，いずれも表出すると同時に消えてゆく揮発性という特徴を持ちながら実時間で発話を理解し，対話が進行するという実時間理解が可能な対話型の自然言語である。
　対話という側面からは，それぞれ以下のような特徴が存在する。
　音声言語では，話し手の音声は声道と呼ばれる口などによる調音により生成され発話される。聞き手は耳（聴覚）により音声を受け取り知覚・認知し，内容を理解する。
　声道と耳は別器官なので，いわゆる全二重通信が可能であり，日本語の

表9－1　音声・手話・指点字の比較

	音声	手話	指点字
モダリティ	聴覚言語	視覚言語	触覚言語
言語特性	実時間対話言語		
	揮発性言語		
	自然言語		
発信器官	口（声道）	身体・手指	指
受信器官	耳	眼	指（身体）
対話形態	全二重（半二重）	全二重	半二重（全二重）

　自由対話では，話者交替時に約45％に重なりが生じる。しかし，音声メディアはその特性から空間で相互に衝突し干渉するため，移行適格場（TRP）である文末表現部分に入ってから100ミリ秒以降においてのみ重なりが生じ，重複発話の状態は短い。この点では実質的に半二重的である。

　手話では，手指や腕，表情など身体の各部を用いて（調動）表現される。受け手は，眼（視覚）により手話を受け取り，知覚・認知し，内容を理解する。

　手話は相互に干渉しないので全二重通信が可能であり，実際重複区間は音声に比べて長い。しかし，よく内容を見てみると，日本手話の習慣のためと思われるが，TRPと考えられる期間が長く，実際に重複の生じている区間はほとんどTRPに重なっている。その意味では対話音声と同じと考えてよいだろう。

　また，音声における表現単位である音韻の長さに比べ，手話の表現単位は長く（おそらく，口の調音可能な速度と，腕など手話の調動可能な速度が関係している），そのことも重複時間の差に影響を与えているものと思われる。

　なお，この単位の長さの違いは，通信の際に（音声では電話，手話ではテレビ電話），伝送に要する遅延により生じる通話の困難さが手話では大幅に低いことの理由とも考えられる。

音声にしても手話にしても，重複区間が主に TRP に限られることは，相手の音声や手話を理解する処理と，それに対する対応や表出のための思考処理が認知レベルでは競合するという制約が働いている可能性が考えられる。

　指点字では，入出力は同じ指を使うために，一般には半二重通信になる。指点字に極めて習熟している一部の盲ろう者は指以外の部位，例えば背中や足などで受信可能な方も例外的に存在する。この場合は全二重通信が可能と考えられるが，実質的に全二重の状態になっているかどうかの実証的観察分析はなされていない。実態は音声や手話と同様に TRP でのみ重複が生じている可能性が高い。

　なお，指先に比べ他の部位では触覚に対する感度が鈍いため，受信速度は遅くなる。指先は触覚センサの分布が細かいだけでなく，爪の根元にもセンサが存在し，爪による梃子の作用で感覚を増幅する機能構造となっていることも，指先の触覚感度が高い理由となっている。したがって指先以外の部位での受信を用いている状態では重複可能な情報の量は少ないのではないかと思われる。

　いずれにしても，音声・手話・指点字共に認知・理解レベルでの差異は理論的にあり得ず，入出力の間の競合が生じると考えられ，3者の実質的違いはないものと考えるべきである。

2　実時間対話言語の持つ情報

　従来，音声の持つ情報については，言語的情報，周辺（パラ）言語的情報，非言語的情報というような分類を用いることが多い。また，音韻レベルの情報を分節的情報，複数の分節にまたがる情報を超分節的情報とし，後者は韻律やプロソディなどと呼ばれる情報を指している。

　しかし，複数の音韻の組み合わせからなるモーラや音節も分節的情報と

している。アクセントは超分節的情報であるが，意味を区別する機能に注目し，言語的情報に入れている。周辺（パラ）言語的情報は，意図して制御できるが文字には転写されない超分節的情報，非言語的情報は個人性や感情など，自然な発話では意図せずに発現する超分節的情報としている。

本章では，このような従来の視点を離れ，音声のみならず手話や指点字を含む対話言語の重要な機能である実時間コミュニケーション機能と範疇的情報という2つの側面から，対話言語の持つ情報を見直す（図9－1）。

これまでの言語観は，現代社会における書き言葉の影響力の大きさから，音声のような対話言語の持つダイナミックな実時間コミュニケーションを可能としている重要な機能を見失いがちであった。

ここでは「対話言語が伝えることのできる情報」だけではなく，「実時間対話の操作に必要な支援情報」を取り上げる。

範疇的という概念は，尺度という視点（範疇尺度，順序尺度，距離尺度，

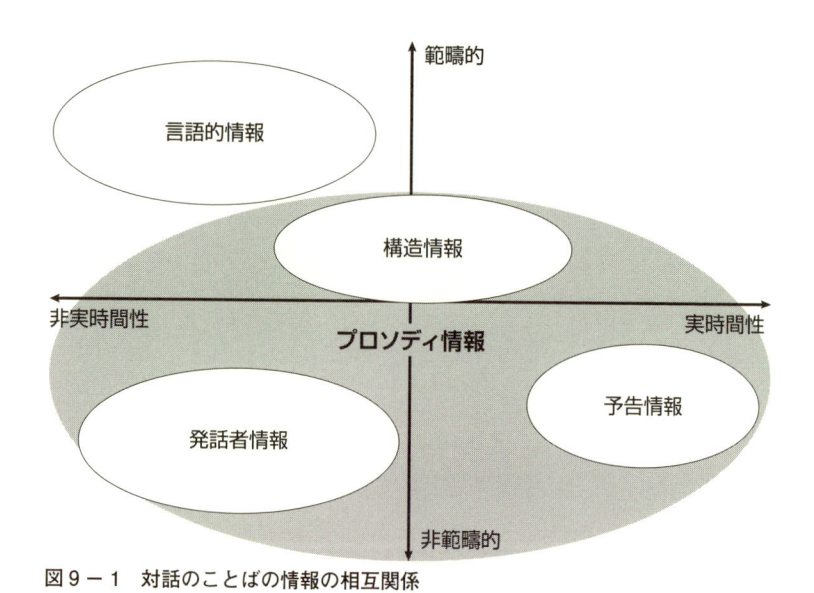

図9－1　対話のことばの情報の相互関係

比例尺度）からの情報の性質の分類によるものである。

　ここで注意すべき点は，「情報」の持つ「性質」と「機能」からの分類であり，音声や手話，指点字の持つ「物理特性」ではないという点である。両者は1対1の関係ではなく，前者の各々の情報，機能は後者の様々な特性の中で分散して担わされているのが実態である。

　このような視点から見ると，表9−2に示すように，「対話言語が伝えることのできる情報（伝達内容情報）」としては「範疇的情報」である「言語関連情報」と，「非範疇的情報」である「発話者情報」がある。

　「言語関連情報」には，語彙などの情報を伝える「言語的情報」と語彙の境界を示す情報や文の係り受け関係を示す「文構造情報」が存在する。

表9−2　実時間理解型対話言語の持つ情報の構造

実時間理解型対話言語の持つ情報の種類				物理特性
伝達内容情報	言語関連情報	言語的情報	音韻情報	スペクトル
			周辺言語的表現	プロソディ
		文構造情報	セグメント境界 （単語，アクセント句など）	
			係り受け構造	
	発話者情報		係り受け構造	
			個人性（男女，個人差など）	
			感情情報	
			体調	
			社会的関係，その他	
実時間伝達支援情報 （実時間理解支援）	伝達内容構造予告情報 （音韻・語彙・文型などによりそれぞれ自動付加）		後続単位の予告情報 （音韻，単語など）	プロソディ （わたり）
			セグメント境界予告 （単語，アクセント句など）	プロソディ
			係り受け構造予告	
	話者交替予告情報（発話態度で付加）			

後者は前者の「音韻情報」のみでは解決に難しい文構造の曖昧さを解消するのに必要な情報である。なお，言語的情報の中の「周辺言語的表現」とは，例えば疑問の助詞の代わりに文末の基本周波数を上げるような表現方法を指す。

　相手の意図を理解するためには，「言語関連情報」を「誰が」「どのような状態で」話しているのか，という情報が不可欠であることは言うまでもない。音声や手話，指点字でもこのような「発話者情報」が伝達される。しかし「感情」は基本感情などという視点もあるが根拠は不明確であり，対話言語では「範疇的情報」としては表現されず，感情の大きさなどはパワーの大きさや速度の程度で表され，「非範疇的」分類とすべきであろう。体調なども同様である。

　「受け手」が「対話言語が伝えることのできる情報（伝達内容情報）」を受け取ってから認知処理を始めては，おそらく実時間対話は間に合わない。実時間で対話を可能にするためには，「受け手」は「発話内容」などを「予測」して準備し，受け取りながら並行して認識理解処理を進める必要がある。

　「実時間対話の操作に必要な支援情報（実時間伝達支援情報）」は，「受け手」が「予測」可能なように「予告」する情報である。「予告」情報はその時々の送り手の状態で「予告の程度」が様々であり，「非範疇的情報」となっている。

　「予告」情報としては，「対話言語が伝えることのできる情報（伝達内容情報）」のうち「言語関連情報」を予告する「伝達内容構造予告情報」と，対話を円滑に進めるための「話者交替予告情報」がある。「伝達内容構造予告情報」は言語獲得とともにその機能も獲得されるのではないかと思われる。したがって，各情報を表出する時には自動的に付加されると考えられる。

　「発話者情報」は瞬時に変化する性質の情報ではないため「予告」は必ずしも必要としないと思われる。

「伝達内容構造予告情報」としては，ろう者が「わたり」部分で後続単語を予測したり，健聴者が音声で音韻間の「わたり」で音韻を認識することが可能な「予告」情報や，「単語境界」や「文節境界」を「予告」する情報，文の意味構造を反映した「係り受け」を「予告」する情報がある。「手話単語」の「わたり」は，手の移動軌跡や時間構造情報が，「音声の音韻」間の「わたり」はスペクトル情報，特にフォルマントの遷移状態が「予告」情報を与えている。

「単語境界を予告」することは，受け手が単語の区間を「予測」し，「心的辞書」に予測的にアクセスすることを可能にする。「文節境界を予告」することは，「係り受け」の単位を予測する上でも不可欠であろう。音声では，基本周波数 $f0$ のアクセント成分に重要な情報が存在している。

「係り受けの予告」は音声では $f0$ のフレーズ成分に重要な情報が存在している。

「話者交替予告情報」は，発話者が「対話態度」（図1－1参照）として「話し終わろう」としている時に付加されると考えられる。

手話や指点字では時間情報に「文節境界の予告」と「係り受けの予告」の情報が存在していることが示されているが，その他の「予告情報」も含め今後さらに詳しく検討すべき課題として残されている。

3 音声・手話・指点字のプロソディ

プロソディとは，音声・手話・指点字がそれぞれ持っている特徴量の時間的変化，また標準的な値からの偏差である。特に後者は様々な情報の伝達に重要な機能を持つ。

音声・手話・指点字のそれぞれのプロソディ情報を担う「主要」な特徴量を表9－3に示す。なお，「主要」という意味は，実時間コミュニケーションを安定に実現するために，これらの特徴量にプロソディ情報の全て

表9-3 音声・手話・指点字のプロソディ

		音声	手話	指点字
音韻・語彙情報		スペクトル形状	手形・向き・位置・動き, など	指の組み合わせ
プロソディ		時間構造	時間構造	時間構造
		パワー	動作の大きさ	打点の強さ
		基本周波数	—	—
		身体動作・表情	身体動作・表情	—
文理解率	プロソディあり		80 ～ 85%	
	プロソディなし		45 ～ 50%	

が集中しているのではなく，実は他の特徴量にも分散して存在し，冗長な構造になっていることを意味する。

3者に共通の特徴量は時間構造と表出の大きさである。特に時間構造は全ての特徴量が時間軸の上に表出されることを考えると，3者に共通の最も重要なプロソディ情報を担う特徴量といえよう。指点字では言語関連のプロソディ情報は時間構造に集中している。

音声の「主要」なプロソディ情報である基本周波数 $f0$ は手話や指点字には存在しない。

身体動作，特に表情や視線は，基本周波数 $f0$ が存在しない手話においてはプロソディ情報を担う重要な特徴量である。

例えば音声では，パワー情報は基本周波数 $f0$ の持つプロソディ情報と非常に高い相関を持つことが知られている。[1] アクセント感覚は日本語音

---

[1] 深海での潜水夫との音声通信では，深海の水圧が高く，酸素中毒を予防するため不活性ガスであるヘリウムを混合する。そのために音速が変わり，基本周波数が大幅にシフトし，地上での聞き取りが困難になる。そこで基本周波数の代わりにパワー情報を利用して基本周波数を推定，音声を合成，利用する方式が提案されている（鈴木誠 74）。

声では主に基本周波数 f0 から得ているが，英語音声ではストレス（パワー）からである．しかし日英両音声とも基本周波数 f0 とパワーの相関は非常に高い．

また「ささやき」音声からアクセント感やイントネーション感覚を得ることができるのは，スペクトル勾配が基本周波数 f0 と関係が深いことによるものと考えられる．高い基本周波数 f0 を発声するためには声帯を緊張させることになるが，その結果，声帯波形自体もシャープな波形となり，高域が持ち上がることが観察される．したがって「ささやき」声の音源である摩擦音源の高域を持ち上げるような発声を行うことによって高いピッチ感覚を生じさせているものと考えられる．

プロソディ情報は本章第 2 節に記述したように，円滑な対話を実現する上で重要な情報を持っている．プロソディ情報の有無は，受け手の理解率にも大きく影響する．データ数が少ない結果ではあるが，音声・手話・指点字ともプロソディの存在する場合の理解率が約 80 〜 85％であるのに対し，プロソディのない場合は 45 〜 50％に低下している．プロソディの存在する場合の理解率が 100％とならないのは，おそらく人の行動として完全があり得ないことや記憶容量の問題が絡んでいるものと思われる．

4 実時間性を支える機能

実時間対話処理が可能であるためには各種処理の実時間性が不可欠である．

1 知覚における対数変換

各感覚器における前処理が実時間処理向きの変換になっていることが予測される．多様な情報を対象とする場合，入力パターンの正規化が必要と思われるが，正規化処理は通常何らかの割り算処理が想定されよう．しか

しこのような正規化処理は難しく，実時間処理にも向かない。

一方で，視聴覚や触覚など人の感覚器は対数特性を近似したものとなっている。対数特性となっていることにより，割り算は引き算に置き換えることができ，神経回路網で簡単に実現できよう。

第8章第1節に記したように，例えば男女の音声の特性の差や個人差はこの対数特性の利用により正規化されているものと思われる。

2　心的辞書とパターン処理

第3章第7節に触れたように，河野によれば，音声のリズム感は330ミリ秒以下の場合は論理的処理なしに対応が可能であるという。手話でも第4章第3節で記述し，指点字も第5章第5節で触れたように，同様におおむね330ミリ秒以下のリズム構造が存在すると思われる。

このことは，音声・手話・指点字のいずれでも音韻認識レベルの論理的処理の段階なしにパターンとして心的辞書にアクセスしている可能性を示唆している。この場合，前項に記した対数特性による正規化されたパターンによるものと考えられる。

3　予告情報の実時間処理

プロソディ情報の持つ予告情報は，各プロソディパターンの冒頭部分などに存在する（第3章第4節）。

冒頭部分のどの程度の長さを知覚すればプロソディの予告情報を把握できるかの解明は今後の課題である。音の知覚に関する時間特性については必ずしも明確ではない。寺西84を参考に古井は，聴覚の分析単位は20ミリ秒，200ミリ秒，2秒と見ており（古井09），200ミリ秒程度の時間経過で判断しているのではないかと思われる。しかも聞き取りの時間の進行とともに精度は上がると考えられる。

基本周波数 $f0$ などのプロソディパターンは本節第1項により対数化を

利用した正規化がなされていれば，心的辞書へのアクセスと類似のプロソディ辞書が存在すれば実時間処理の可能性が存在する。

5　実時間理解のモデル

これまでの各論に基づき対話における実時間対話の知覚・認知の処理過程のモデルを検討し，実時間対話において果たしているプロソディ情報の機能をまとめることとする。

モデルとしては，情報の展開順序の視点からの時間的側面からと，各情報の間の関係がどうかという側面からとが考えられる。

1　時間的側面からのモデル

予告機能を用いた実時間理解について，カーナビゲーションの比喩で見てみたい。

例えばA地点からB地点に車で地図を見ながら運転して行こうとすると地図上の情報を読み取りながら，車窓の景色を判断し運転してゆく必要がある。複雑な地図では，そのような操作を実時間で行うことは安全上からも難しい。カーナビゲーションでは案内ルートが示されるから，地図上の曲がり角などポイントのみを読み取ればよいので実時間で理解できる。一方，ルートの線情報のみでは全く運転は不可能である。

この関係を実時間対話言語でいうなら，地図情報は「言語関連情報」に，案内ルートは「予告情報」に対応している。

実時間対話の実現は，以上に述べてきたように，言語関連情報などの情報のみでは可能でない。一方で，本書で記述した予告情報のみでも実現できない。常識や対話の進行に伴う文脈などの情報による「予期」と，実時間の進行に沿って両者の情報とが統合されて実現されていくと考えるべきであろう。

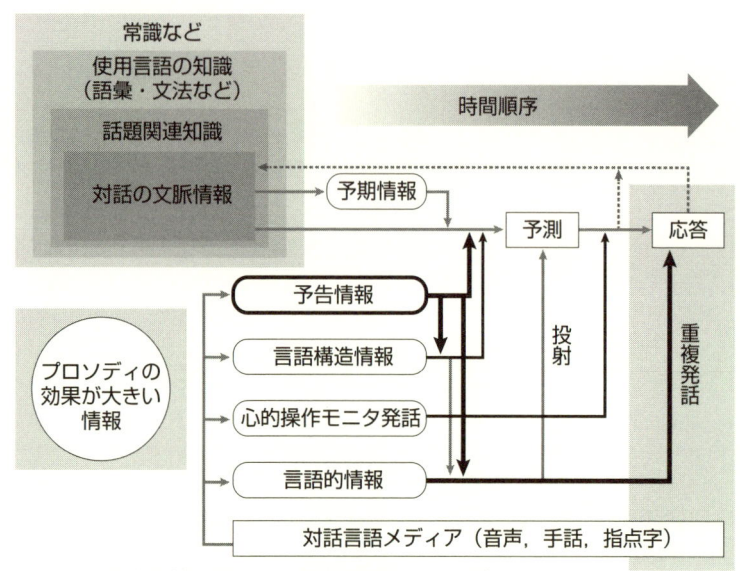

図9−2　話者交替を例とした時間的側面からのモデル

　話者交替を例に，各情報の機能する処理手順のモデルを図9−2に示す。心的辞書との情報のやり取りは煩雑になるので省略してある。図では予告情報は1本の線で描いてあるが，時間の進行とともにより精度の高い情報が連続的に提供され機能する。投射は言語構造情報や予告情報の活用により構文解析などが予測的に完了しているとの仮定の下で移行適格場（TRP）に対して行われる。

　このモデルの動作は以下のようになる。対話が進行するにつれて対話のテーマ関連の知識は活性化され，文脈も具体化されてゆき，対話展開の方向は絞られていくだろう。言い換えれば「予期情報」はかなり絞られている。さらに感動詞や応答詞が発せられれば，発話者の心的操作状態のモニタ情報として以降の発話方向をより具体的に予見させる情報が得られる。

　このような状態でプロソディからの「予告情報」が与えられると，発話を継続しようとしているのか終了しようとしているのかが予告される。

「言語構造情報」（係り受け情報）もその「予告情報」により「係り受け」先を先読みされる。その「係り受け」情報を活用することにより、「言語情報」からの構文解析処理をほとんど行うことなく構文構造は先読みして得られる。

　言語的情報に関しても、セグメンテーションの「予告情報」により分割され、心的辞書（脳内の語彙辞書）へアクセスすべき語彙候補が、「予期」の活用とともに大幅に可能性が絞られ、得ることができる。心的辞書は経緯とともに心的辞書の関連の深い部分の項目が活性化していき、候補が絞られるようなモデルが考えられよう。この結果、最後まで聞くことなく、かなりの精度で発話を「予測」することが可能になると考えられる。

　このような状況下でTRPを構成する可能性のある語彙の音韻系列パターンが入力されると、ほぼ最初の音韻長の100ミリ秒程度で聞き手は発話を始めることが可能になる（応答）。その結果、話者継続時には重複発話が生じることになる。

　なお感動詞類などの心的操作モニタ表現（田窪 10）の入力により予測状態が動的に変更される場合がある。

2　各情報の相互関係からのモデル

　各情報の相互の関係を中心とした受け手の実時間対話における理解の計算論的モデルを図9-3に示す。図は受け手の処理なので、プロソディなどの「予告情報」を利用した結果としての「予測」を行っているという書き方になっている。心的辞書及び「予期」との関係は複雑になるので、ここでも省略した。

　日本語対話音声と日本手話、日本語対応手話、日本語指点字をイメージしている。また「アクセント句分割予測」は手話では「手話単語分割予測」を意味する。言語が異なれば細部は異なる可能性がある。

　入力された情報はそれぞれ感覚器で対数状の値に変換され、各処理に送

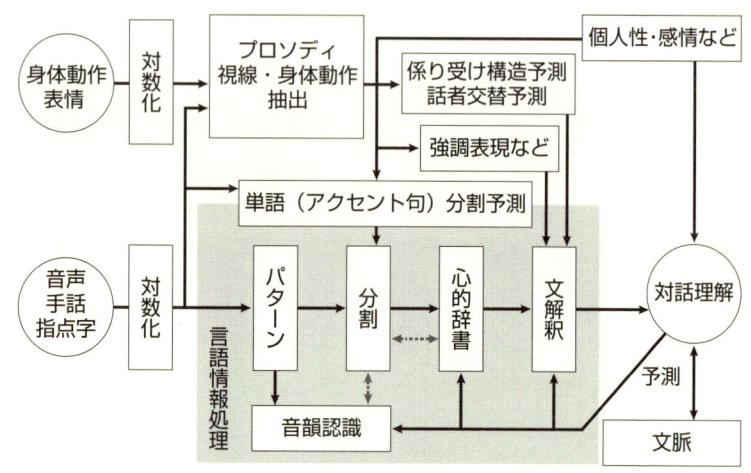

図9-3 実時間対話における各情報の相互関係からのモデル

られる。

　プロソディ機能を持つ特徴量はアクセント句分割予告情報から分割位置を予測し，別途並行して取り込まれた言語関連情報を担う特徴量の時系列パターンを分割し，心的辞書の引数として心的辞書を検索し，語彙情報列に変換される。指点字も点字コードとしてではなく，指先の触覚の時間パターンとして取り込まれるものと考える。

　プロソディ機能を持つ特徴量の予告情報と係り受け構造情報は，また係り受け情報として心的辞書の出力の間の関係をまとめてゆく。話者交替情報の予告は話者交替位置として予測し，必要に応じた話者交替としての発話を開始する。その他，個人情報や強調などの情報を利用して話し手の意図を推論・理解してゆく。

　このような手順で，音声・手話・指点字に対して，共通した手続きで，入力に対し実時間で処理し，理解し，応答するモデルを想定することができる。

6 対話言語の表出モデル

1 時間的側面からのモデル

　図1-1の階層モデルに従い，藤崎の「音声に含まれる種々の情報とその表出過程」(藤崎 06)を参考に，対話言語の計算論的表出モデルを図9-4に示す．

　第1章で述べたように，図1-1の階層レベル1，2，3はメディアの種類によらず共通の階層であるが，4，5，6，7はメディアの種類や言語により具体的発現が異なる階層である．例えば，同じ意図を日本語音声（聴覚言語）で表現するか，日本手話（視覚言語）で表現するかというメディアの違いは階層4に現れる．

　発話者が（階層1）（「発話者情報」），その時点では何かを表明し続けようとしているのか，あるいは終わろうとしているのか，あいづちを打とうとしているのかなどの態度の下で（階層2）（「対話態度」），どのような意図を伝えたいと思っているか（階層3）（「発話意図」），まではメディアによらない．「発話意図」ではメディアによらず共通の意味ネットワーク構造のようなものを想定している．

　その意図について，どの言語メディアによるのかにより語彙や文法は異なるが，それぞれに合致した計画がなされる（階層4）（「通報の計画」）．その言語メディアの持つリソースをどのように組み合わせて表出するのか（階層5），言語的情報を語彙情報ではなくプロソディなどで表出するのか（階層6）などの具体的表出表現が計画される（「発話の計画」）．セグメンテーションや文構造の予告情報は語彙辞書（心的辞書）や文法情報から「通報の計画」段階で既に与えられており，それを用いて「発話の計画」段階でプロソディ情報に具体化される（中国語のトーンなども同様に処理されるものと考える）．また，「対話態度」が発話を終わろうとする場合は，

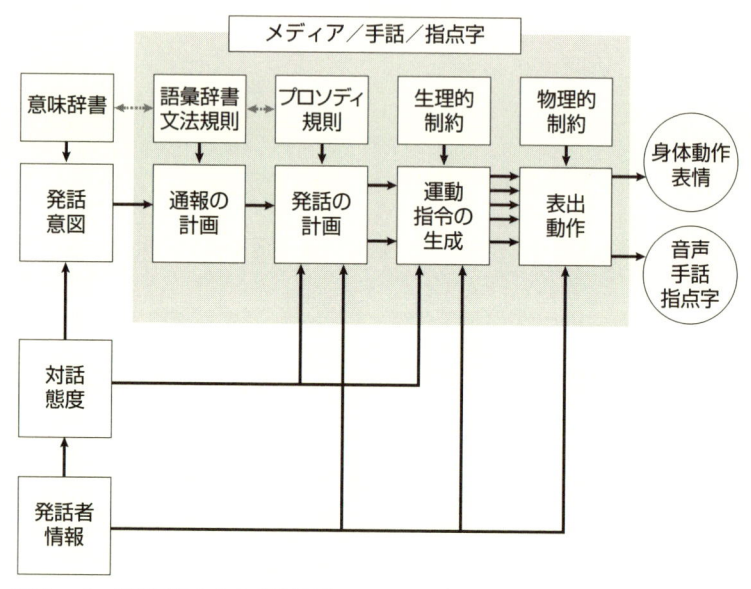

図9-4 対話言語表出の時間的側面からのモデル

予告情報がプロソディに付与される。これらは瞬時に理解可能とする情報（階層7）ということになろう。

　また，例えば，疑問の助詞を用いるか，語尾の基本周波数を上げるかというような選択は，「通報の計画」で選択肢が用意され，対話態度の情報により「発話の計画」で行われる。ここでは，このように言語的情報によるのか，プロソディによるのか，表情や身体動作によるのか，などが「対話態度」や「発話者情報」による個人の癖などによって振り分けられたり，並行して組み合わせて表出することが計画される。

　「発話の計画」により口や表情，身体動作などの制御のための運動指令が生成され，それに従って表出動作がなされ，プロソディ情報の付加された音声や手話，指点字が表出される。それと並行して身体動作や表情も同期して表出される。

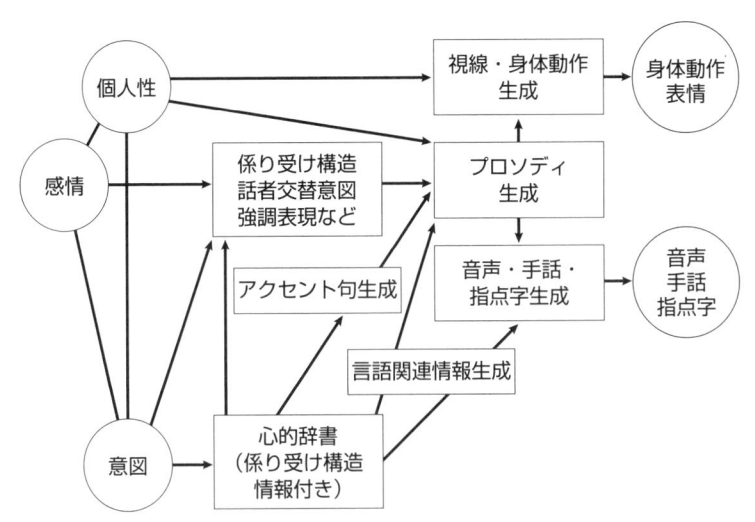

図9－5　対話言語表出の情報相互関係からのモデル

2　対話言語表出の情報相互関係からのモデル

　これについては不明な点が多く，今後の研究に待たねばならない部分が多い。話し手のモデルの1つの仮説を図9－5に示す。意図と感情と個人性などは一体となって表出されると考えている。

　意図から関連語彙が心的辞書から浮上し，その語彙の持つアクセント情報が出力されるとともに，係り受けなどの構文に関する情報から文が構成され，プロソディの生成などが行われる。個人性や感情などもプロソディや身体動作などに現れる。

7　実時間インタラクション

1　対話におけるインタラクション

　心的負担が軽く実時間で対話が円滑に進むためには，話し手と聞き手の交替が円滑に進むことや，双方の思考を相互に反映しながらそれぞれ円滑

に進行し，信頼感を持って相手に対し進めることができることなどが必要である。

話者交替に関しては，第3章第5節第4項，第4章第6節第4項などに述べたように，音声や手話ではプロソディの持つ予告情報を基に第2章第3節で紹介した様々な言語処理と統合して予測することにより，円滑に進めているものと考えられる。そこでは第2章第1節第1項に紹介したサックスの提案している話者交替規則も機能しているだろう。言語的情報に関しては，第2章第2節で触れたオースチンの適切性条件なども関係すると考えられるが本書の対象外なのでここではこれ以上言及しない。

また，主にプロソディ情報を活用することにより，話し手が黙ってしまった場合，未だ話しそうだが，話すことを考えているのか，話し終わったのか，を聞き手が区別できる。多人数対話では，主にプロソディ情報，そのほかに視線，身体動作の持つ予告情報を活用し予測している。

話し手の「うなずき」が聞き手の「うなずき」よりも非常に多いことを第7章第1節に示した。また聞き手の「うなずき」が話し手の「うなずき」に同期しやすいことや，聞き手の「うなずき」が話し手の発話状態に無関係に行われると円滑な対話が損なわれることも，第4章第6節第3項の手話の例などにより示した。

これらの事実から，「うなずき」や「あいづち」が対話の進行において，「話し手」と「聞き手」の双方の時間的進行状態の調整に重要な役割を果たし，双方の思考の進行状態の調整や，相手に対する対話状況における信頼感を維持したり，相手の状態変化に対する臨機応変な対応を可能にしているといえよう。また相手の感情や体調による変化にも影響を受けることになる。話者交替の機能を含め，対話の主導権などにも密接に関係していると思われる。

また，相互のリズムの情報は，そのほかのプロソディ情報と共に，相手が外国人であったり，幼児などである場合や，体調などの変調に自然に対

応して，対話の状態を自然に調整することを可能にしていると考えられる。

2 乳幼児の言語獲得，自閉症とインタラクション

　乳幼児にテレビやDVDのみから音声を聞かせておいたのでは言語獲得は進まないといわれている。それに対して，音声に曝されている状況は同様であるが，親が対応していると言語獲得は進む。しかしそのメカニズムは明らかではないようである。

　ここでは前項に述べた実時間インタラクションの持つ様々な性質が重要な役割を果たしていると考える。

　親子の対話のリズムの同期や，各種予告機能，例えばセグメンテーション予告は語彙の範囲を設定し語彙獲得をしたり，文構造の予告は文法獲得を，話者交替の予告は円滑な対話の進行手続きを獲得するのに関係しているであろう。

　また，他者とのインタラクションを通しての相手の状態の変化によるリズムの変化の認知は，他者の存在という概念を獲得する上で重要な働きをしているものと思われ，「心の理論」「心の理解」（第7章第4節第2項参照）の獲得の基盤となっている可能性を示唆している。そこでは相互の「うなずき」のタイミングなども重要な情報となっていると考えられる。

　ここではおそらく「感情」情報も重要な役割を持つと思われる。対話の相手となる他者が存在することの理解には，「叱られている」という自己中心の視点のみの理解からさらに進み，「自分に対して怒っている他者が存在している」という視点の獲得が必要である。

　複数の多様な個人性の存在の認識を通しての他者の存在という概念の獲得は，さらに社会性の獲得に重要な基盤となろう。他者の存在を知れば，自分の意思などを伝えたいという欲求が生まれ，それが言語獲得のモティベーションになる可能性が考えられる。

　感情は表情にも表れる。表情の観察を中心とした研究では，感情が表出

されている表情の区別や社会的参照は生後7ヶ月を過ぎて可能になるとされているなどの報告がある。また，乳幼児に対し両親は優しく語りかけたり，あやしたりして乳児の情緒的調整を行うが，6ヶ月を過ぎると乳児は情緒の自己調整を行うようになるという研究もある。

これらのことは，細かなものを見る視覚の機能獲得に生後約6ヶ月を要することと関係しているように思われる。それまでは子供は音声を通して感情や情緒に関する機能を獲得していくのではなかろうか。

さらに社会的立場や相互関係，地域性，育成環境など様々な発話者情報は，音声からは得られる可能性があるが，表情からは得られない情報であろう。このように考えると，対話言語からの発話者情報，特に感情情報は極めて重要である。

実際，発語前言語能力を検査し，言語的活動や言語能力を予測する手法の提案がなされている。乳幼児の行動や遊びなどの観察によりノンバーバルコミュニケーション能力（non-verbal linguistic ability）や内言語の世界を推測するなどし，発語に至るまでの言葉の準備状態を知ろうという検査手法である（長尾 09）。

なお，「合意形成」などは，その前提としてこの「心の理論」「心の理解」という他者の存在を認識できて初めて，可能となると考えられる。

第1章第7節に述べたように，音声を発声するには，実は極めて精巧な制御技術が必要である。舌の形を決める多数の筋肉と顎などの骨で構成される口の形状（「声道」）や，「声帯」を構成する筋肉，発音のための呼吸，などをおそらくミリ秒の精度で同期して制御する必要がある。脳からの制御指令が出てからそれぞれの筋肉や骨が反応するまでの遅れは，その生理的制約（動きやすさなど）の違いから様々であり，それらを精巧に同期させる機能が不可欠である。関係器官の制御を同期させるネットワークのようなものが脳内に形成されていると考えられる。

第3章に述べたように，「予告」情報一つを取っても，かなり複雑な組

み合わせが存在する。さらにはささやき声にもプロソディ感覚が生じることに注目すると，その範囲までカバーしていることがわかる。この精巧な仕掛けの下にプロソディに「予告」情報を生成し，あるいはそれを聞き取ってプロソディ情報の「予告」情報と言語的情報や発話者情報を統合して「予測」し，円滑な対話が行われる。

　それらの機能のいずれかの獲得や生成に障害があれば対話機能に障害が生じるであろう。自閉症など発達障害では，音韻認識は大きな問題はないと報告されているが（大賀 07），対面対話を苦手とする症例ではプロソディ機能の障害が原因となっている事例もあるのではないかと考えられる。

　これらの例のように，対話言語の持つインタラクションの特性は，様々な側面で極めて本質的な役割を果たしていると思われる。

　東京医療センター臨床研究センター加我君孝センター長によれば，聴覚障害児に人工内耳を手術する時期が 2 歳児までであれば健聴児と言語能力に差がなく，プロソディも自然であるが，3 〜 4 歳児では健聴児のレベルに発達するかどうかボーダーラインレベルにあるという。早期の対話環境が重要であることを示していると思われる。

　また人工内耳が有効ではない障害の場合は早期に手話対話の環境を実現し，言語能力の基盤を構成しておくことが必要ではないかと考えられる。

　脳に関する研究は急速に進んでおり，様々な計測手段が開発されている。発達障害に関する脳活動の観察なども始まっているようである（山本 00），（伊藤友 00）。遺伝子の分析や脳内の神経伝達物質の状況などの研究も進んでいる。しかし脳の各部分の機能は極めて複雑に絡んでおり，それぞれの計測結果と各機能との関係も単純ではない。計測結果を解釈し判断するためには多角的に情報を組み合わせることが不可欠である。外部に現れる行動だけでなく，本書で提案している音声の物理特性の比較なども，その一助になれば幸いだと考えている。

3　子供の対話能力の発達

　子供の「話す」能力の発達や,「自己形成」「社会文化の理解」の発達にも「親子の対話」は極めて重要である。子供が語彙や文法などの言語能力や表象能力,想像世界の構成,物語の因果連鎖の構成力を身に付けるのを助けることが知られている。

　本書の主題である対話の物理的側面からの実時間性との直接的課題ではないが,3,4,5歳児の各16,14,15組の母親及び父親との対話,および10歳前後の子供の倫理観などについて,中国の家族を対象に調べているので（金 07),対話機能の重要な側面として簡単に触れておきたい。

　幼児では,低年齢ほど親の発話量が多く,しつけなどの発話が多い。欧米の調査では高年齢ほど親の発話量が多いという報告があり,文化の違いなども見られている。幼児の自発的発話は5歳児で増加している。発話内容の年齢による発達や父母の役割,性差など多面的に分析を行っている。また倫理観などの社会的ルールの獲得も,10歳頃までの対話経験が重要である。

4　障害者支援技術と対話特性

　揮発性の言語には聴覚言語である音声のほかに,視覚言語である手話や,触覚言語である指点字なども存在する。これらの言語でも日常的に使い慣れている人たちは,音声並みの速度で円滑にコミュニケーションを行っている。これらの言語にも音声と同様の仕掛けが存在している可能性を第4章と第5章に示した。

　コミュニケーション障害者は,例えば視覚や聴覚に障害があり,情報取得に大きな負担が生じている。したがって健常者向けのインタフェース以上にユーザビリティへの配慮が重要である。例えば瞬時に楽に聞き取れる合成音声や,読み取れる手話CG出力の実現が重要である。この実現には,対話言語である音声や手話の持つ「予告情報」などの優れた性質を解明し,

その合成への応用が望まれる。

これらの「予告情報」を合成音声や手話 CG に実現することにより，その「予告情報」を利用することで，予測が容易になる，言い換えれば，受け手の負担を軽減できるということが期待される。

筋力が低下する進行性の疾患や声帯切除を必要とする疾患では，それまで発声が可能であった方は発声ができなくなる。そのような方は音声規則合成の技術を活用することができる。マサチューセッツ工科大学（MIT）の故デニス・クラット博士は自身が発声障害者であり，音声規則合成の技術開発に大きな足跡を残されたことで有名である（Klatt 87）。自分の声を再現した合成音声を実現したいというのがその動機だったとうかがっている。

本人らしさや「本人の感情」を反映した合成音声の実現は，人格の尊重という点からも，また当事者の社会生活における生活の質（QOL）を高める上でも極めて重要である。

当事者からの要請により，失声前の当事者の感情表現を含む声を収録し，当事者の声質（「個人性」）で，かつ「感情」表現の可能な音声規則合成の開発の試みがある（Iida 01）。

パーキンソン病など筋の硬化や声帯の癌など腫瘍による声質変化，高齢者の加齢による性質の変化も第 3 章に示した F0 モデルのパラメータの値を推定することにより，その原因の解明に結びつくことが期待される。

本書の主題である対話の物理的側面からは外れるが，障害者支援ではコンテンツの側面も重要なので，触れておきたい。Web の利用をシステムとの「対話」と見なした場合，現状では，例えば第 2 章で紹介したオースチンの対話の「適切性条件」やグライスの「協調の原理」，ブラットマンの「共同活動の性質」は成立していない。

Web ブラウザの開発や，提供情報のコンテンツ構造のあり方など，円滑な対話を成立させるべきこれらの特性が成り立つ方法論の研究や規格の

検討が不十分のように思われる。

　現状のWebアクセシビリティの規格は，個別の項目はかなり改善されてきているが，コンテンツ全体を通しての対話という観点に立った，ユーザ側の視点（ユーザエクスペリエンス：UX），特に「負担」からのシステム的研究開発がなされるべきではないだろうか。従来のものは情報提供側からの「負荷」の視点に留まっているように思われる。

　もう一つの方向は，特に「共同活動」の視点にも注目し，HPを知識源と見なし，その知識を使う対話機能型のエージェントとして，ユーザインタフェースを構想するものである。編集権などの視点からクライアント側の端末内に置く構成となろうが，そのことは個別ユーザの特性や要求を取り入れやすく，必ずしも不利にはならないと思われる。さらにHP側の用語の揺らぎなどもシソーラスなどを用意することなどにより，統一した表現に修正することも考えられよう。

8　実時間伝達支援情報の意義

　最後に，これまでの議論を基に「本当の意味での実時間対話」と，それを支える「実時間伝達支援情報」（特に「予告」情報）が持つ意義をまとめる。

　対面対話の場面を振り返ってみよう。円滑に対話が進められている場面である。対話を通して相手がどのような人物で，今の瞬間どのような心理状態や体調で話しているのかを声の調子や表情から無意識に感じ，対話は盛り上がってリズミカルに進んだり，気まずくなったり，思考が逡巡したりして停滞したりする。

　このようなインタラクティブでダイナミックな現象は，言語的情報や発話者情報が音声などの対話言語の中の「伝達内容情報」（言語関連情報，発話者情報）に存在するだけでなく，本書でこれまでに記述してきたように，

実時間対話を可能とする「実時間伝達支援情報」，特にプロソディの中の「予告」情報の存在に支えられていることによる。

「予告」情報の存在によって，「聞き手」は連続発話から語彙の境界位置の予測や文の係り受け構造の予測，話者交替の予測が可能になり，続けて入ってくる発話に対する知覚・認知処理と重複することなく，発話を理解し応答を準備する余裕を与えることが可能になっている。

「あいづち」や「うなずき」は重複発話で現れることも多く，「あなたの発話を聞いています」「あなたの発話に同意します」など様々な情報を聞き手から話し手に発信し，対話を円滑に進めるなどの機能を持っている。このことは音声については従来から知られているが，本書では手話の例についても同様の効果があることを第4章第6節第3項に示した。

円滑な対話では，この「あいづち」や「うなずき」によるやり取りも，相手の変化に即応している。それは「予告情報」により実時間で相手の発話に対応できているからである。

「話者交替」における重複発話の積極的意義についてはこれまでほとんど議論されてこなかったように思う。その機能は，「話し手」「聞き手」双方の負担を軽減し，対話を円滑に進める重要な基盤となっているものと考えられる。

話者交替現象は，「予告情報」により聞き手の理解処理を先行的に可能にするだけでなく，「あいづち」や「うなずき」現象と同様に，「重複発話現象」の存在により，聞き手から話し手に「話者交替を了解しました」という情報を先行的に提供していることになる。このことは「話し手」にとっては，「意に反したターン交替規則の1.(c)による2.の話者継続の選択」（第2章第1節第1項参照）をする必要がないことの予測が可能になる。話し手にとっての話者継続の準備の「負担」を軽減することを意味する。

そのほかにも，プロソディにある予告情報は実時間対話の様々な側面を

可能とする基盤となっていると思われる。

　子供が言葉を獲得するには，母親などとの対面対話が重要である（Miyazawa 10）。テレビやDVDからの音声だけでは言葉は獲得できないといわれている。最近注目されている発達障害者は，対面対話が苦手といわれている。実時間伝達支援情報を操作する機能を獲得できなかった可能性が考えられる。

　認知症の方には対話が重要だといわれている。また，携帯メールやパソコンメールにひたり，対面対話が苦手でコミュニケーション能力が低下しているといわれる若者が，就職面接で落とされている事例が見受けられる。

　実時間対話は，社会的存在である人間を支える基本的機能である。

　それは本書で述べてきたように，身体動作や表情を含むプロソディ情報の中に存在している。これまでの対話研究では，このことは何となく予想されていたり，言語の側面からの検討を試みるものは存在していた。しかし，それらは何が本当に実時間制御を可能としているかという面からは，必ずしも保証できるものではなかった。

　本書はその答えとして，対話音声や手話・指点字などの揮発性の自然言語に横断的に，プロソディの中に実時間伝達支援情報として「予告情報」が存在し，それが重要な機能を持っていることの可能性を示したものである（図9－6）。

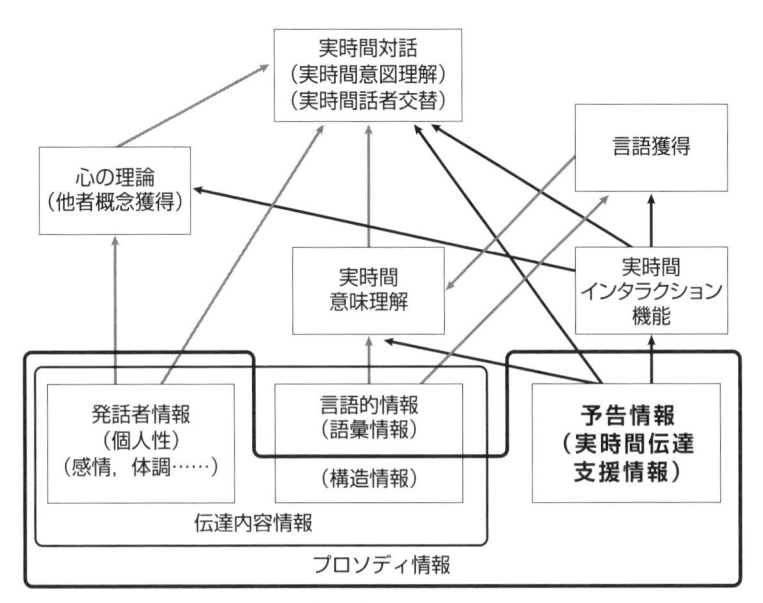

図9-6 対話のことばと予告情報の意義

おわりに

　本書は，私が半導体研究者を志して日立製作所に入社し，意に反して中央研究所の音声の研究室に配属され，音声のプロソディに出会ったのがきっかけとなり，その後，日立，千葉大学，早稲田大学における同僚や学生との教育研究活動を通して，そのプロソディを軸に様々な領域に展開してきた結果を中心にまとめたものである。

　本書は，対話の持つ本質的機能と考えられる実時間インタラクションを支えている「本当の意味での実時間性」の重要さに対する問題提起を行ったものと理解していただければ幸いである。社会的存在である人を人たらしめている極めて本質的な機能を実時間インタラクションは持ち，それをプロソディの「予告」情報が支えている可能性を示したものである。
　なお，「予告」情報は，発話に伴い自動的にプロソディに付加され，知覚認知の負担が極めて小さいがゆえに意識に上らずに「予測」に利用されていると考えられる。また，対話型実時間言語は「揮発性メディア」であるため，認知処理が終了した時点では，既に揮発し存在していない。また，いわゆる言語的情報ではないため，言語学などの研究領域でもその存在の可能性に目が向けられてこなかったのではないかと思われる。

　しかし，手話や指点字に関しては，本質的に多数のデータを集めることが困難であり，少数データによらざるを得ず，また，課題の広さから，仮説に留まるものがあるなど，多くの課題を残していることを率直に述べておかなければならない。
　また本書では，プロソディとして主に音声でモデルが存在している基本周波数を取り上げ，日本語対話音声の例を中心に議論を展開しているが，

音声，手話，指点字を横断的に見た場合，基本周波数は音声のみのパラメータであり，3者に共通なパラメータは時間構造（リズムなど）やパワーである。現在もリズムに関して様々なアプローチを試みているが成案を得ていない。いずれにしても，何らかのプロソディ情報が同様に重要な役割を果たしているものと考えているが，その解明と実証は，モデルを構築する必要もあり，今後の課題である。

　日本語以外の言語の場合も，その解明と実証が必要である。例えば，単語レベルのセグメンテーションについて言えば，英語ではアクセント情報であるストレスの単語レベルでのリズムが情報となっている可能性が考えられる。一方日本語のアクセント情報は基本周波数であり，リズムはモーラ単位で，単語を構成しているモーラ数は様々である。英語と日本語とではメカニズムは異なるであろう（もっとも日本語単語は4モーラが最も多く，助詞などの機能語を含むアクセント句を考えると5モーラ程度のものが中心であり，その情報も機能している可能性が十分考えられよう）。

　指点字の場合も日本語がベースであるが，基本周波数は存在しない。データ数が少ないため確認が困難であるが，アクセント句を構成しているモーラ長がアクセント句内で徐々に長くなる傾向が見られ，その情報が機能している可能性もある。点字の分ち書きルールも極めて重要な情報となっているであろう。パワーは個人差，特に各自の指の打点の強さに個人差が大きく，検証が難しい。

　手話では多くの手話単語は1区間（モーラと呼ぶ場合がある）で構成されているものが多く，単語単位での時間リズムが有力と思われる。しかし時間リズムを与える物理量の探索が必要である。動作の加速度や躍度などの時間的変化などにその鍵が存在する可能性があろう。

　乳幼児の言語獲得や社会性の獲得に関しても，実際には適切な時期での周囲からの多様な情報提示が不可欠であることは数多くの先行研究が示している通りである。本書では，実時間インタラクションが重要であるという従来からの知見に対して，それを支える基本的機能の一つとして，プロ

ソディの持つ機能があるとの仮説を提示したものである。

　さて日立において最初に与えられた仕事は音声の規則合成であった。音声を合成するためにはイントネーションやアクセントなどのプロソディ情報を付与することが不可欠であったが，どのような条件を実現すれば良い音声になるかを考えることもなく，ただ自然な音声のパターンに何となく似ていればよいという程度の認識であった。

　テキストからアクセント型を推定したり，文を解析しイントネーションを付与する手法の開発でも，アクセントや文型が区別できればよいと考えていた。疑問文や文を強調するためにはプロソディの制御が必要であった。その延長上で先輩の中山剛さんの勧めもあり，中山さんと合成音声にプロソディを用いて感情を付与する方法を，おそらく世界で初めて試みもした。この仕事はその後武田昌一君のプロミネンスの研究などに繋がっていった。

　そのうちに，逆にプロソディのない音声はどの程度聞きにくいのかという疑問から，北原義典君とプロソディを削除した合成音声を作り，どの程度内容を把握できるかという認知実験を行い，プロソディのない音声が非常に負担の大きいものとなることを確認した。そのことから，プロソディには音声に不可欠な重要な情報が含まれており，自然音声のプロソディから文の構造情報が得られるのではないかと考えるようになった。

　その結果，第5世代コンピュータのプロジェクトの中で小松昭男君が基本周波数パターンを簡単な直線で近似して文構造を推定できることを見出した。彼は元々コンピュータのOSの技術者であり，音声のような規模の大きい言語の処理が実時間で可能なのは，プロソディに何らかの情報が存在し，それはそれほど複雑な処理を要求しない簡単な方法で把握できるのではないかとの仮説を立てて実験したのであった。この時点では予告という概念はなかったものの，コミュニケーションの実時間性を可能にする情報があるはずだ，それはプロソディだろうという直感があったのである。この仕事はその後の私のこの分野での研究の大きなヒントとなっていった。

音声は人間にとって最も基本的なコミュニケーション手段であり，人間の知的活動と深い関係のある深遠な対象である一方で，我々は日常特別な負担を感じない，言い換えればコストをかける必要を感じさせないメディアである．しかし，深遠なものであるがゆえに，その本質の解明と技術開発には非常に大きなコストと時間がかかり，実用化までの距離が遠く，多くの企業や研究機関がギブアップして撤退していった．日立もその例外ではなく，音声研究の規模を縮小していった．

　そのような状況の中で，米国でADA法（障害を持つアメリカ人法）の制定やリハビリテーション法508条などにより，情報機器にアクセシビリティを配慮することが求められるようになり，米国に情報機器を輸出している日立もその動向をウォッチする必要があるのではないかと思い立った．そこでトロントでの音声の国際会議の時に幾つかの米加の福祉関係の技術を調査した．

　その機会にトロント大学で手話をデータグローブで電子データに変換して，ニューラルネットワークで認識し，その結果を合成音声に変換するシステムを見せてもらうことができた．手話を早く行うと，合成音声も早く発声し，動作を大きくすると大きな声になるというデモであった．

　それはまさに手話が揮発性の対話言語でありながら，表現力の豊かな言語であり，それを可能にしているのは音声と同じプロソディ情報が手話にも存在している，音声屋として手話に関する福祉技術開発に寄与できると強く感じさせるものであった．

　帰国後，障害者支援の部署を本社に設置したり，社内の研究所間の福祉技術開発の連携組織を立ち上げることを手伝い，その目処が付いた頃，千葉大学に転出した．

　千葉大学では音声関係のほかに手話などの福祉関係のテーマを立ち上げた．その中で福祉関係の研究会などの場で指点字に出会った．全盲ろうの福島智さん（現東京大学教授）が学会で講演した際に，会場からの質問に対し即答しているのを見て，それを可能にしているのが支援者による指点

字通訳であることを知った。

　その後全盲ろう者の榎本悠起枝さんと出会い，彼女に指点字通訳をしていた視覚障害者の長谷川貞夫先生（点字で漢字表現法を開発したことで有名）から，音声で発声しているイメージで指点字を打っていることを聞いた。このことから指点字にも打ち方の中にプロソディ情報が込められていると確信することになり，その計測手段を開発し，確認を行うことができた。

　また，たまたま私の長女優子が慶應義塾大学の環境情報学部の視覚情報を研究対象にしている福田忠彦研究室に所属していたが，彼女の卒業研究の時期に福田教授がヨーロッパに滞在することになった。彼は私の慶應大学における学生時代の1年後輩でサークルも同じであったこともあり，その後も親しくしていたので，彼からの相談もあり，私が手伝い，長女の卒業研究に視覚言語である手話を取り上げることになった。そこで東京都の障害者支援のための研究所（現在廃止）の聴覚言語の研究室の関宣正さんの協力により，ゲート法で手話をどこまで見ればろう者は手話単語を認識できるかというテーマを設定した。

　その結果は先天性のろう者は手話単語に向けての手の動きが始まって直ぐに認識できることが見出された。手話は音声と同じく揮発性の対話言語である。この実験結果は，揮発性の対話言語には物理レベルの信号にその先の展開を「予告」する情報が存在しているのではないかという本書の主題となる概念を，その後に気付かせてくれるきっかけとなったのである。

　さて千葉大学では，対話音声を研究するためには対話音声のコーパスが必要であるという話が，たまたま私と同じ大学院の教育研究分野の助教授であり言語発達関係の心理学を専門にしている仲真紀子助教授（現北海道大学教授）や同じ専攻の土屋俊助教授（現大学評価・学位授与機構教授）との間で持ち上がり，学内外の有志で作成することになった。エジンバラ大学で開発されていた地図課題コーパスに携わった石崎雅人氏（現東京大学教授）の協力を得て，千葉大学版の地図課題コーパスが開発された。その

利用による多くの対話研究が行われ，自然な対話を理解するためにはプロソディにも注目することが不可欠であることもわかり，文学研究科の修士課程学生の小磯花絵さん（現国立国語研究所）などが積極的に取り組んだ．

　工学部の私の研究室では，学部生や修士課程学生，博士課程学生と音声や手話，指点字関係を中心に多くのテーマを取り上げた．

　その中で，博士課程学生の大須賀智子さんとテーマの議論をしている中で，「予告」という概念が出てきたのである．「予告」と「予測」の区別は本当の意味での実時間性を考えるときに本質的に重要な概念である．その時点で参考にした日立中央研究所時代の同僚小松昭男君のプロソディに関する仕事は直線近似であり，音声合成への応用が難しいので，音声合成に「予告」の情報を反映できる適用可能なモデルで検討できないかということになった．

　注目したのは藤崎博也東京大学名誉教授の提案してこられたF0モデルである．F0モデルは「予告」という概念を検討する上でも相応しい構成となっている．しかしこのモデルはパラメータが多く，その値の推定は経験に基づく人手に実質的に拠っており，多くのデータを分析するのは現実的ではなかった．そこで思いついたのが遺伝的アルゴリズムの応用である．ちょうど慶應大学から千葉大学の市川研究室の修士課程に移ってきたばかりの木村太郎君に予備検討してもらったところ，パラメータの推定が上手くいきそうだということになり，彼の修士研究のテーマとして取り組んでもらった．得られたパラメータを見てみると，予想通り「予告」情報が存在することがわかったのである．

　音声や手話の対話における話者交替などにおける身体動作や視線などにもプロソディとして同様の機能が存在する．特にこの分野は千葉大学の堀内靖雄准教授が中心になり，その分析を進めてきた成果であることを強調しておきたい．

　手話に関しては神田和幸中京大学教授（当時，日本手話学会会長）や工学院大学の長嶋祐二助教授（現教授）の研究室などとも共同研究を継続的に

進めてきている。神田教授には対話言語におけるプロソディ概念の重要性の主張に対し様々な面で強いご支持を頂いた。また長嶋教授とそのグループには手話の各種の実験で非常にお世話になった。

言語情報関係の研究は，文学部の土屋助教授や仲助教授及びその後任の伝康晴助教授（現教授）の研究室と博士課程の合同ゼミを行い，共同研究を進めてきた。

早稲田大学に移ってからは，菊池英明准教授の研究室との共同で行ってきた。人間科学研究科修士課程学生大橋浩輝君は，F0モデルによるセグメンテーションや文の係り受け，話者交替などの分析を精力的に行ってくれた。また同じく修士課程学生の佐藤安里さんは音声の感情情報の体系的検討を進めてきてくれている。市川研究室の学部生千田みのりさん，大川万里子さんも音声の分析を進めている。

このように，音声，手話，指点字の研究は，対話音声のプロソディの持つ実時間支援機能の研究を軸に展開してきたものである。千葉大学移籍後の一方の研究の柱である情報福祉関係の研究開発も，この手話や指点字の研究の展開として，障害者の心的負担の軽い支援法の検討という視点から展開してきたのであった。

このような研究は音声や手話・指点字の収録とコーパス開発，分析，認知実験など膨大な人手によらざるを得ない領域であり，非常に多数の方との共同研究の成果である。にもかかわらずまだまだ多くの課題が残されている。

ここにお名前を挙げさせていただいた方々は共同研究に携わっていただいた方々のほんの一部の例に過ぎません。ここに挙げることのできなかった多数の方々にも感謝申し上げます。

また，福祉関係の講演会では，発達障害や失語症関係者からこれらの領域に対して技術者としてどのように取り組むのかという質問をいただきました。また早稲田大学でも応用脳科学研究所の研究所員メンバに加えてい

ただき，乳幼児の発達や発達障害に対する脳科学からのアプローチの重要性に気付かせていただきました．いずれも本書の主題と関係が深いテーマですが，未だ具体的には対応できていません．最近電子情報通信学会に発達障害支援研究会を長嶋教授と共に設立することができ，現場関係者から実態を色々教えていただく勉強会を開いていますが，具体的な研究の展開は今後の大きな課題です．

　最後に三浦種敏先生，中田和男先生，藤崎博也先生，白井克彦先生，鈴木登紀男先生に感謝申し上げます．日立中央研究所時代の上長であった三浦種敏先生からは今の言葉で言う人間中心主義の重要さを，中田和男先生からは物事の裏に隠れている本質的構造を見抜く重要さをご自身の日常の研究姿勢でお教えいただきました．藤崎東京大学名誉教授からはプロソディ研究に対し様々なご示唆と励ましをいただきました．白井克彦早稲田大学名誉教授とは内外での学会の機会ごとに2人で出かけ，対話研究などの研究方法や研究環境などについて議論し，様々な刺激をいただきました．鈴木登紀男慶應義塾大学名誉教授には学生時代から今日に至るまで誠実さがあらゆることの基本であることを身をもって示されました．先生方のこのような教えが今日のこの一応の結果に結びついたものと考えています．

　本書の出版は，早稲田大学学術研究書出版制度により助成を受けました．また，早稲田大学出版部武田様には細部にわたり大変お世話になりました．ここに記し，感謝申し上げます．

2011年6月

市　川　　熹

参 考 文 献

A

阿部 90：阿部匡伸，「研究用日本語音声データベース利用解説書（連続音声データ編）」，ATR自動翻訳電話研究所（1990）．

赤木 10：赤木正人，「音声に含まれる感情情報の認識——感情空間などをどのように表現するか」『日本音響学会誌』66，8，pp. 393-398（2010.8）．

荒木 97：荒木雅弘，市川 熹，他，「談話ワーキンググループ活動報告」，人工知能学会言語・音声理解と対話処理研究会資料，SIG-SLUD-9701-6，pp. 31-36（1997.6.6）．

浅井 04：浅井千絵，「目撃証言の評価にかかわる経験則とその心理学的検討」，千葉大学学位申請論文，千葉大学（2004）．

B

坊農 08：坊農真弓，『ひつじ研究叢書〈言語編〉第 57 巻　日本語会話における言語・非言語表現の動的構造に関する研究』，ひつじ書房（2008）．

坊農 10：坊農真弓・高梨克也共編，『多人数インタラクションの分析手法』，オーム社（2010）．

C

千田 09：千田みのり，大橋浩輝，大須賀智子，菊池英明，市川 熹，「話者交替に対するプロソディ情報を利用した聞き手による予測認知の検討」，人工知能学会言語・音声理解と対話処理研究会資料，(11)（2009.3.13）．

D

ダマシオ 05：ダマシオ，アントニオ・R，『感じる脳　情動と感情の脳科学　よみがえるスピノザ』，ダイヤモンド社（2005）．

電電 78：日本電信電話公社，『電話伝送基準第 3 版　Technical report』（1978）．

土肥 02a：土肥 修，堀内靖雄，市川 熹，「日本手話における首動作の解析」，電子情報通信学会福祉情報工学研究会資料，WIT2001-44，Vol. 101, No. 703, pp. 7-12 (2002.3).

土肥 02b：土肥 修, 堀内靖雄, 市川 熹, 長嶋祐二, 寺内美奈, 「手話対話における頷きの影響に関する実験的検討」, 電子情報通信学会福祉情報工学研究会資料, WIT2002-21, pp. 45-50 (2002.9).

堂坂 00：堂坂武史, 青木将紀, 深澤春生, 長嶋祐二, 「指点字におけるプロソディの特徴抽出の検討」, 電子情報通信学会技術研究報告, WIT992-24 (2000).

E

ELAN 10：http://www.lat-mpi.eu/tools/elan/news/, ELAN 390 Released.

江波 01：江波孝彦, 藤森祐司, 堀内靖雄, 市川 熹, 「受け手の熟練度を考慮した指点字のプロソディ情報の分析」, 電子情報通信学会福祉情報工学研究会資料, WIT2001-4, pp. 17-22 (2001.5).

榎本 03：榎本美香, 「会話の聞き手はいつ話し始めるか」『認知科学』10, pp. 291-303 (2003).

榎本 07：榎本美香, 「聞き手はいつ話し始めるか――日本語における話者交替メカニズム」, 千葉大学学位申請論文, 千葉大学 (2007).

榎本 09：榎本美香, 『ひつじ研究叢書〈言語編〉第69巻 日本語における聞き手の話者移行適格場の認知メカニズム』, ひつじ書房 (2009).

F

Ford 96：Ford, C. E., Fox, B. A. & Thompson, S. A., "Practices in the construction of turns：the 'TCU' revisited," *Pragmatics*, 6, pp. 427-454 (1996).

Frith 94：Frith, U. & Happpe, F., "Autism: Beyond 'theory of mind'," *Cognition*, 50, pp. 115-132 (1994).

藤森 00a：藤森裕司, 宮城愛美, 市川 熹, 堀内靖雄, 「指点字の時間構造の分析と合成規則の検討」, 電子情報通信学会福祉情報工学研究会資料, WIT00-6, pp. 29-35 (2000.5).

藤森 00b：藤森裕司, 堀内靖雄, 市川 熹, 「指点字を用いた文字放送受信機の試作」, 電子情報通信学会福祉情報工学研究会資料, WIT00-17, pp. 31-36 (2000.8).

藤崎 06：藤崎博也, 「韻律の特徴とそのモデル化」, 広瀬啓吉編著, 『韻律と音声言語情報処理 アクセント・イントネーション・リズムの科学』第2章, 丸善,

pp. 9-12(2006).

Fujisaki 04:Fujisaki, H., "Prosody, information, and modeling with emphasis on total features of speech," *Proc. Speech Prosody 2004*, Nara, pp. 1-10(2004).

福田慧 04a:福田慧人,西田昌史,堀内靖雄,市川 熹,「盲聾者用アプリケーションにおけるアクセシビリティとユーザビリティの検討」,電子情報通信学会福祉情報工学研究会資料,WIT2005-57,pp. 25-30(2006.1).

福田慧 04b:福田慧人,西田昌史,堀内靖雄,市川 熹,「指点字を利用した盲聾者用エディタの開発」,電子情報通信学会福祉情報工学研究会資料,WIT2004-31,pp. 25-30(2004.7).

福田正 03:福田正治,『感情を知る』,ナカニシヤ出版(2003).

福島 98:福島 智,『盲ろう者とノーマライゼーション』,明石書店(1997).

古井 85:古井貞熙,『ディジタル音声処理』,東海大学出版会(1985).

古井 09:古井貞熙,『人と対話するコンピュータを創っています——音声認識の最前線』,角川学術出版(2009).

G

Goffman 81:Goffman, E., *Forms of Talk*, University of Pennsylvania Press (1981).

H

畑野 03a:畑野智栄,堀内靖雄,市川 熹,「東京方言におけるアクセントフレーズ境界の認知について」,日本認知科学会第20回大会,pp. 214-215(2003).

畑野 03b:畑野智栄,堀内靖雄,市川 熹,「アクセントフレーズを用いた音声セグメント境界の認知に関する予備的検討」,日本音響学会講演論文集,1-7-12,pp. 385-386(2003.9).

Hecker 67:Hecker, M. H. L., et al., *The effects of task-induced stress on speech*, AFCRL-67-0499(1967).

平山 99:平山望武,堀内靖雄,市川 熹,「日本手話における時間構造の分析」,ヒューマンインタフェース学会,ヒューマンインタフェース研究会,pp. 17-22(1999.12).

平山 00a:平山望武,堀内靖雄,市川 熹,「日本手話における時間構造の分析」,

電子情報通信学会福祉情報工学研究会資料，pp. 125-130（2000.3.10）．
平山 00b：平山望武，堀内靖雄，市川 熹，「日本手話における時間構造の分析」，日本手話学会大会，pp. 44-47（2000.6）．
平山 00c：平山望武，堀内靖雄，市川 熹，「メトロノームを用いた日本手話の時間構造の検討」，電子情報通信学会福祉情報工学研究会資料，WIT00-15, pp. 19-24（2000.8）．
平山 01a：平山望武，桑子浩明，堀内靖雄，市川 熹，「日本手話における時間構造の分析」，第 27 回日本手話学会大会，pp. 48-51（2001.6）．
平山 01b：平山望武，堀内靖雄，市川 熹，「日本手話における時間構造の分析」『ヒューマンインタフェース学会論文誌』3, 3, pp. 9-14（2001.8）．
広瀬啓 06：広瀬啓吉，「韻律の観点からの音声言語情報処理研究」，広瀬啓吉編著，『韻律と音声言語情報処理 アクセント・イントネーション・リズムの科学』第 1 章，丸善，pp. 1-8（2006）．
広瀬浩 10：広瀬浩二郎編著，『万人のための点字力入門 さわる文字から，さわる文化へ』，生活書院（2010）．
Hobson 89：Hobson, P., "On sharing experiences," *Develpment and Psychopathology*, 1, pp. 197-203（1989）．
Horiuchi 98：Horiuchi, Y. & Ichikawa, A., "Prosodic Structure in Japanese Spontaneous Speech," *Proc. Of ICSLP'98*, pp. 591-594（1998.12）．
堀内 99：堀内靖雄，中野有紀子，小磯花絵，石崎雅人，鈴木浩之，岡田美智男，仲真紀子，土屋 俊，市川 熹，「日本語地図課題対話コーパスの設計と特徴」『人工知能学会誌』Vol. 14, No. 2, pp. 261-272（1999.3）．
堀内 04：堀内靖雄，庵原彩子，西田昌史，市川 熹，「自然対話における聞き手の反応と話し手のうなずき・言語情報・韻律情報との関係に関する予備的検討」，情報処理学会音声言語情報処理研究会，2004-SLP-52, pp. 93-98（2004.7.17）．
堀内 06：堀内靖雄，山崎志織，西田昌史，市川 熹，「日本手話対話の話者交替に関する手話言語の特徴」『ヒューマンインタフェース学会論文誌』8, 1, pp. 1-8（2006.2）．

堀内 07a：堀内靖雄，亀崎紘子，今井裕子，西田昌史，市川 熹，「日本手話の後続うなずきの機能に関する検討」，電子情報通信学会福祉情報工学研究会資料，WIT2007-12, pp. 63-68（2007.5）．

堀内 07b：堀内靖雄，亀崎紘子，西田昌史，市川 熹，「日本手話におけるポーズ直前のうなずきの分析」，日本手話学会第33回大会研究発表会，pp. 43-46（2007.9）．

堀内 08：堀内靖雄，山崎志織，西田昌史，黒岩眞吾，市川 熹，「手話文アニメーション合成システムの構築と評価」，電子情報通信学会技術研究報告，107(435), pp. 31-36（2008.1）．

Ｉ

市川 67a：市川 熹，中山 剛，中田和男，「合成音声への法則による表情の付与」，電気通信学会大会講演論文集，159（1967）．

市川 67b：市川 熹，中山 剛，中田和男，「合成音声の自然性に関する実験的考察」，日本音響学会講演論文集，1-3-8（1967）．

市川 68：市川 熹，中山 剛，中田和男，「法則による音声の合成」，日本音響学会講演論文集，1-2-18（1968）．

市川 77a：市川 熹，中島 晃，「話者認識における伝送系の検討」，日本音響学会講演論文集，3-1-20（1977）．

市川 77b：市川 熹，中島 晃，「話者確認用パラメータの比較」，電子通信学会情報部門大会，227（1977）．

市川 93：市川 熹，八木健司，橋戸忠久，「音声と手話——対話型自然言語」，第9回ヒューマンインタフェースシンポジウム，pp. 299-304（1993.10）．

市川 94a：市川 熹，「日本語ガーデンパス文の聴・読理解比較」，日本音響学会講演論文集，1-Q-17（1994.3）．

市川 94b：市川 熹，佐藤伸二，「対話理解に対する抑揚情報の役割」，情報処理学会音声言語情報処理研究会資料，94-2-8（1994）．

市川 94c：市川 熹，「ニュース文のポーズとピッチ」，日本音響学会講演論文集，2-8-7（1994.3）．

Ichikawa 94：Ichikawa, A., Satoh, S., "Some Prosodical Characteristics in

Spontaneous Spoken Dialogue," *Proc. ICSLP 94*, 5.11 (1994.9).

市川 96a：市川 薫，佐藤伸二，清水詠行，堀内靖雄，井宮 淳，「対話音声の抑揚の記述」，日本音響学会講演論文集，1-P-4，pp. 169-170（1996.3）。

市川 96b：市川 薫，佐藤伸二，「対話音声の抑揚の記述」，日本音響学会講演論文集，1-P-4（1996.4）。

市川 97：市川 薫，荒木雅弘，石崎雅人，他，「談話タグ標準化の現状」，人工知能学会言語・音声理解と対話処理研究会資料，SIG-SLUD-9703，pp. 41-49（1997.3）。

市川 98：市川 薫，田中裕史，堀内靖雄，「手話のリズム」，日本手話学会第24回大会論文集，pp. 6-9（1998.8）。

市川 01a：市川 薫，『人と人をむすぶ声・手話・指点字』，岩波書店（2001.10）。

市川 01b：市川 薫，「手話表記法 sIGNDEX」，日本ろうあ連盟，『手話コミュニケーション研究』Vol. 39，pp. 17-23（2001.3）。

市川 05：市川 薫，長嶋祐二，寺内美奈，「手話における"顔"のはたらき」，情報処理学会コンピュータビジョンとイメージメディア研究会資料，2005-CVIM-148，pp. 67-72（2005.3）。

市川 06：市川 薫，手嶋教之，人工知能学会編，『知の科学シリーズ　福祉と情報技術』，オーム社（2006）。

市川 07：市川 薫，「対話言語におけるプロソディの役割」，電子情報通信学会思考と言語研究会資料，37，3，TL-2007-4，pp. 203-210（2007.4）。

市川優 96：市川優子，福田忠彦，関 宣正，「認知科学的手法による手話読取特性の検討」，日本手話学会第22回大会予稿集，5.3，pp. 71-74（1996）。

庵原 04：庵原彩子，堀内靖雄，西田昌史，市川 薫，「自然対話におけるうなずきの機能に関する考察」，人工知能学会研究会資料，SIG-SLUD-A402-03，pp. 13-18（2004.11）。

Iida 01：Iida, A., et al., "Communication aid for non-vocal people using corpus-based concatenative speech synthesis," *Proc. Eurospeech 2001*, pp. 2401-2409 (2001).

石崎 01：石崎雅人，伝 康晴，『言語と計算――「談話と対話」』，東京大学出版

会 (2001).

伊藤憲 87：伊藤憲三，北脇信彦，「会話音声の時間的特徴量に着目した遅延品質評価法」『日本音響学会誌』43, 11, pp. 851-857（1987）.

伊藤友 00：伊藤友彦，「音声言語の発達とその障害」『ことばの障害と脳のはたらき』，ミネルヴァ書房（2000）.

岩宮 10：岩宮眞一郎編著，日本音響学会編，『音色の感性学　音色・音質の評価と創造』，コロナ社（2010）.

J

人工知能学会 WG 00：人工知能学会「談話・対話研究におけるコーパス利用」研究グループ，「様々な応用研究に向けた談話タグ付き音声対話コーパス」，人工知能学会研究会資料，SIG-SLUD-9903, pp. 19-24（2000）.

K

神田 86：神田和幸，『指文字の研究』，光生館（1986）.

神田 04：神田和幸，「ドラえもんの手話の実例と NMS の情報伝達」，第 32 回可視化情報シンポジウム講演論文集，pp. 277-278（2004）.

神田 10：神田和幸，『手話の言語学的特性に関する研究　手話電子化アーキテクチャ』，福村出版（2010）.

片桐 10：片桐恭弘，高梨克也，石崎雅人，榎本美香，伝康晴，松坂要助佐，「会話における合意形成と相互信頼形成」，人工知能学会研究会資料，SIG-SLUD-B001-09, pp. 49-54（2010.7）.

Kendon 04：Kendon, A., *Gesture: Visible Action as Utterance*, Cambridge University Press（2004.9）.

菊池英 06：菊池英明，白井勝彦，「韻律を利用した対話状態の推定」，広瀬啓吉編著，『韻律と音声言語情報処理　アクセント・イントネーション・リズムの科学』6.3, 丸善, pp. 191-202（2006）.

菊池浩 09：菊池浩平，「手話会話におけるターン・テイキング・メカニズム」，千葉大学学位申請論文，千葉大学（2009）.

金 07：金敬愛，「子どもの出来事の報告に関する発達的研究——親子の対話と子どもの自発的報告」，千葉大学学位申請論文，千葉大学（2007）.

木村 06：木村太郎, 西田昌史, 堀内靖雄, 市川 熹, 「藤崎モデルのパラメータ推定手法の検討」, 日本音響学会2006年秋季研究発表会, 2-6-9, pp. 201-202 (2006.9).

木村 08：木村太郎, 堀内靖雄, 西田昌史, 黒岩眞吾, 市川 熹, 「F0モデルによる韻律情報の持つ話者交替機能の分析」, 日本音響学会2008年春季研究発表会, pp. 371-372 (2008).

木下健 06：木下 健, 西田昌史, 堀内靖雄, 市川 熹, 「手話における手動作のモデル化に基づくCGアニメーションの生成」, 電子情報通信学会福祉情報工学研究会資料, WIT2005-58, pp. 31-36 (2006.1).

木下孝 08：木下孝司, 『乳幼児期における自己と「心の理解」の発達』, ナカニシヤ出版 (2008).

桐谷 99：桐谷 滋編, 『ことばの獲得』, ミネルヴァ書房 (1999).

北原 87a：北原義典, 武田昌一, 市川 熹, 「音声言語受容における韻律効果の検討」, 電子通信学会総合全国大会, 1339 (1987).

北原 87b：北原義典, 武田昌一, 市川 熹, 東倉洋一, 「音声言語認知における韻律の役割」『電子情報通信学会論文誌』J70-D, 11, pp. 2095-2101 (1987.11).

Klatt 87：Klatt, D. H., "Review of Text-to-speech conversion for English," *Journal of the Acoustical Society of America*, 82, pp. 737-793 (1987).

Klemmer 66：Klemmer, E. T., "Human factor problems in satellites telephoning," *Human Factors*, 8, 6, p.475 (1966).

小林 08：小林春美, 他, 『新・子供たちの言語獲得』, 大修館 (2008).

Kohno 92：Kohno, M., "Two mechanisms of processing sound sequences," Tohkura, Y., Vatikiotis-Bayteson, E. and Sagisaka, Y., eds., *Speech Perception, Production and Linguistics Structure*, ISO Press, Amsterdam, pp. 287-296 (1992).

河野 07：河野守夫編集主幹, 井狩幸男・石川圭一・門田修平・村田純一・山根繁編, 『ことばと認知のしくみ』, 三星堂 (2007).

小磯 95：小磯花絵, 堀内靖雄, 土屋 俊, 市川 熹, 「下位発話単位の音声的特徴と『あいづち』との関連について」, 人工知能学会研究会資料, SIG-J-9501-2

(12/8), pp. 9-16 (1995.12.8).

小磯 96a：小磯花絵, 堀内靖雄, 佐々木聡, 吉野 文, 仲真紀子, 土屋 俊, 市川 熹, 石崎雅人, 岡田美智男, 鈴木浩之, 中野有紀子,「千葉大学地図課題コーパス作成・利用環境について——1995年度活動報告」, 人工知能学会研究会資料, SIG-SLUD-9503, pp. 23-30 (1996.2.29).

小磯 96b：小磯花絵, 堀内靖雄, 土屋 俊, 市川 熹,「地図課題対話における重複発話の分析」, 人工知能学会研究会資料, SIG-SLUD-9601-7, pp. 47-54 (1996.6.3).

小磯 96c：小磯花絵, 堀内靖雄, 土屋 俊, 市川 熹,「言語的・韻律的情報を利用した発話の終了／継続の予測」, 人工知能学会第10回全国大会論文集, pp. 407-410 (1996.6.25).

小磯 96d：小磯花絵, 堀内靖雄, 土屋 俊, 市川 熹,「先行発話断片の終端部分に存在する次発話者に関する言語的・韻律的要素について」, 電子情報通信学会信学技報, NLC95-72, pp. 25-30 (1996.3).

小磯 10：小磯花絵, 伝 康晴,「漸進的発話末予測モデルの提案」, 人工知能学会研究会資料, SIG-SLUD-B001-10, pp. 53-59 (2010.7).

心の発達 02：特定領域研究「心の発達」研究成果報告（代表 桐谷滋）(2002.3).

小松 88a：小松昭男, 大平栄二, 市川 熹,「韻律情報を利用した音声会話文の文構造推定方式」, 電子情報通信学会春季全国大会, SA-1-12 (1988).

小松 88b：小松昭男, 大平栄二, 市川 熹,「韻律情報を利用した構文推定およびワードスポットによる会話音声理解方式」『電子情報通信学会論文誌』J71-D, 7, pp. 1218-1228 (1988.7).

小松 88c：小松昭男, 市川 熹,「会話音声の理解」『電子情報通信学会誌』Vol.70, No. 4, 2-4, pp. 358-364 (1988).

Komatsu 90：Komatsu, A., Ohira, O., Ichikawa, A., "PROSODICAL SENTENCE STRUCTURE INFERENCE FOR NATURAL CONVERSATIONAL SPEECH UNDERSTANDING," *Eurospeech* 89, 41. 6, pp. 400-403 (1990.9).

近藤 08：近藤武夫, 大河内直之, 福島 智,「指点字の通訳・読解における非言語情報処理」, 電子情報通信学会技術研究報告, WIT2007-84 (2008.1).

久保田 99：久保田 競編，『ことばの障害と脳のはたらき』，ミネルヴァ書房 (2000)．

窪薗 99：窪薗晴夫，『日本語の音声』，岩波書店 (1999)．

M

前田 02：前田真季子，堀内靖雄，市川 熹，「話者交替における視線とうなずきの分析」，人工知能学会言語・音声理解と対話処理研究会資料，SIG-SLUD-A201-9, pp. 53-59 (2002.6.7)．

前田 03a：前田真季子，堀内靖雄，市川 熹，「自然対話におけるジェスチャーの相互的関係の分析」，情報処理学会ヒューマンインタフェース (HI) 研究会，(2003.1.31)．

前田 03b：前田真季子，西田昌史，堀内靖雄，市川 熹，「自然対話における発話者のうなずきに対する聞き手の反応」，人工知能学会言語・音声理解と対話処理研究会資料，SIG-SLUD-A302-07, pp. 35-42 (2003.11)．

前田 03c：前田真季子，堀内靖雄，市川 熹，「自然対話におけるジェスチャーの相互的関係の分析」『情報処理学会研究報告 (HI)』No.9, pp. 39-46 (2003)．

正高 01：正高信男，『子供はことばをからだで覚える』，中公新書 1583 (2001)．

松田 03：松田康広，磯村 恒，「皮膚接触コミュニケーションにおける感情伝達に関する研究――指点字による感情伝達実験」『ヒューマンインタフェース学会論文誌』5, 2, pp. 163-170 (2003)．

メイナード 93：メイナード，泉子・K，『会話分析』，くろしお出版 (1993)．

馬塚 92：馬塚れい子，伊藤，「日本語のガーデンパス文：文理解過程における文法知識の獲得と運用」，電子情報通信学会第2種研究会資料「言語と知識の獲得・運用」，LK92-5 (1992)．

宮城 98：宮城愛美，藤森裕司，芦沢 修，堀内靖雄，市川 熹，「指点字の抑揚の分析」，自動制御学会第14回ヒューマンインタフェースシンポジウム，2313, pp. 583-588 (1998.9)．

宮城 99a：宮城愛美，藤森祐司，堀内靖雄，市川 熹，「指点字のプロソディの分析」『ヒューマンインタフェース学会論文誌』1, 3, pp. 35-40 (1999.8)．

宮城 99b：宮城愛美，池上加寿子，藤森祐司，堀内靖雄，市川 熹，「指点字の時

間構造合成規則の検討」，電子情報通信学会福祉情報工学研究会資料，WIT99-21, pp. 125-129（1999.11）．

Miyagi 00：Miyagi, M., Fujimori, Y., Horiuchi, Y. & Ichikawa, A., "Prosody Rule for Time Structure of Finger Braille," *RIAO'2000*, pp. 862-869（2000.4.12）．

Miyagi 05a：Miyagi, M., Horiuchi, Y., Ichikawa, A., "Prosody Rule for Time Structure of Finger Braille," *Proc. of GOTHI'05: Guidelines On Tactile and Haptic Interactions*（2005.10）．

宮城 05b：宮城愛美，西田昌史，堀内靖雄，市川 熹，「発言権を考慮した盲ろう者向け会議システムの検討」，日本ソフトウェア科学会インタラクティブシステムとソフトウェア研究会，第13回インタラクティブシステムとソフトウェアに関するワークショップ（WISS 2005），pp. 147-148（2005.12）．

Miyagi 06a：Miyagi, M., Nishida, M., Horiuchi, Y. & Ichikawa, A., "Investigation on Effect of Prosody in Finger Braille," Miesenberger, K., et al. eds., *Computers Helping People with Special Needs*, LNCS 4061, Springer, ICCHP2006, pp. 863-869（2006.7）．

Miyagi 06b：Miyagi, M., Nishida, M., Horiuchi, Y. & Ichikawa, A., "Analysis of Prosody in Finger Braille Using Electromyography," *IEEE EMBC2006*, pp. 4091-4904（2006.9）．

宮城 08：宮城愛美，「指点字を用いた盲ろう者のコミュニケーション支援の研究」，千葉大学学位申請論文，千葉大学（2008）．

Miyazawa 10：Miyazawa, K., Kikuchi, H. & Mazuka, R., "Unsupervised Learning of Vowels from Continuous Speech based on Self-organized Phoneme Acquisition Model," *Proceedings of Interspeech 2010*, Thu-Ses2-O4-2（2010）．

N

長尾 09：長尾圭造，上好あつ子，『乳児健診で使えるはじめてことばが出るまでのことばの発達検査マニュアル』，明石書店（2009.11）．

中島 78：中島 晃，市川 熹，「帯域選択自己平均逆フィルタ法による電話実回線音声の話者照合」，日本音響学会講演論文集，2-2-10（1978）．

中野 97：中野有紀子，仲真紀子，市川 熹，他，「日本語地図課題対話コーパスの基礎的統計（1）」，人工知能学会言語・音声理解と対話処理研究会資料，SIG-SLUD-9701，pp. 19-24（1997.6.6）．

中山 66：中山 剛，宮川睦男，三浦種敏，「音質の総合評価」『日本音響学会誌』22，pp. 332-339（1966）．

中山 67a：中山 剛，市川 熹，中田和男，「連続音声音源波の分析および法則化について」，電気通信学会大会講演論文集，160（1967）．

中山 67b：中山 剛，市川 熹，中田和男，「合成音声の自然性に関する基本的考察」，日本音響学会講演論文集，1-3-7（1967）．

中山 68a：中山 剛，市川 熹，中田和男，「合成音声の音源特性制御による疑問，強調の表現」，電子通信学会大会，64（1968）．

中山 68b：中山 剛，市川 熹，三浦種敏，「声帯音源特性制御法則の一般化」，日本音響学会講演論文集，1-2-21（1968）．

中園 05：中園 薫，米原裕貴，長嶋祐二，市川 熹，「手話動画像の評価実験――画面サイズ，フレームレート，量子化幅等の影響」，電子情報通信学会福祉情報工学研究会資料，WIT2005-15，pp. 19-24（2005.5.20）．

中園 06a：中園 薫，「手話動画像通信に関する研究」，千葉大学学位申請論文，千葉大学（2006）．

中園 06b：中園 薫，柳橋史織，長嶋祐二，市川 熹，「ディジタル符号化された手話動画像の品質評価について」『電子情報通信学会論文誌』J89-D，3，pp. 541-551（2006）．

Nakazono 06：Nakazono, K., Nagashima, Y. & Ichikawa, A., "Digital Encoding Applied to Sign Language Video," *IEICE TRANS. INF. & SYST.*, E89-D, No.6, pp. 1893-1900（2006.6）．

中園 07：中園 薫，寺内美奈，長嶋祐二，「映像遅延が手話対話に及ぼす影響の定量化手法」『電子情報通信学会論文誌』J90-D，3，pp. 628-638（2007）．

Nishida 05：Nishida, M., Horiuchi, Y., Ichikawa, A., "Automatic Speech Recognition Based on Adaptation and Clustering Using Temporal-Difference Learning," *Proc. of EUROSPEECH05*, 2CP2b-9, pp. 285-288（2005.9）．

野口 01：野口広彰，片桐恭弘，伝 康晴，「尤度付きあいづち生起文脈コーパスの提案」，人工知能学会研究会資料，SIG-SLUD-A101-6，pp. 25-32（2001.6）。

O

小椋 01：小椋たみ子，「言語発達と認知発達」『運動と言語』，岩波書店（2001）。

大賀 07：大賀健太郎，小渕千絵，霧山孝子，「成人の注意欠陥障害とアスペルガー障害に共存した聴覚処理障害について」，ヒューマンインタフェースシンポジウム 2007，3144（2007）。

大橋 09a：大橋浩輝，菊池英明，市川 熹，「F0 モデルに基づいたアクセント句のセグメンテーション」，日本音響学会研究発表会予稿集，1-3-14（2009.9）。

大橋 09b：大橋浩輝，千田みのり，大須賀智子，菊池英明，市川 熹，「プロソディ情報の認知実験に基づいた話者交替に関する検討」，日本音響学会研究発表会予稿集，1-3-15（2009.9）。

大橋 09c：大橋浩輝，「実時間対話における韻律情報による予告と予測」，早稲田大学大学院人間科学研究科修士論文，早稲田大学（2009）。

Oohashi 10：Oohashi, H., Ohsuga, T., Horiuchi, Y., Kikuchi, H. & Ichikawa, A., "Prosody, Supporting Real-Time Conversation," P2b-07, *Speech Prosody 2010*（2010.5.12）.

大平 89：大平栄二，小松昭男，市川 熹，「韻律情報を用いた音声会話文の文構造推定方式」『電子情報通信学会論文誌』J72-A，1，pp. 23-31（1989.1）。

大沼 04：大沼祐太，伊藤由佳，宮治 裕，二宮理慧，富山 健，「ニューラルネットを用いた音声からの感情認識：脳波による評価」，日本行動計量学会大会発表論文集，Vol. 32，pp. 334-335，（2004）。

大須賀 01：大須賀智子，堀内靖雄，市川 熹，「音素セグメンテーションの自動化に関する検討」，科学技術庁振興調整費開放的融合研究推進制度「話し言葉の言語的・パラ言語的構造の解明に基づく『話し言葉工学』の構築」プロジェクト・ワークショップ，『話し言葉の科学と工学』，pp. 143-148（2001.2）。

大須賀 02a：大須賀智子，堀内靖雄，市川 熹，「韻律情報の個人差の分析手法に関する予備的検討」，人工知能学会言語・音声理解と対話処理研究会資料，SIG-SLUD-AI03，pp. 63-68（2002.3）。

大須賀 02b：大須賀智子，鈴木則夫，堀内靖雄，市川 熹，「基本周波数とポーズによる構文構造の推定」，人工知能学会言語・音声理解と対話処理研究会資料，SIG-SLUD-A201-7, pp. 41-46（2002.6.7）.

Ohsuga 03：Ohsuga, T., Horiuchi, Y., Ichikawa, A., "Estimating Syntactic Structure from Prosody in Japanese Speech," *IEICE Transaction D*, Vol. 86, No.3, pp. 558-564（2003.3）.

大須賀 03a：大須賀智子，堀内靖雄，市川 熹，「韻律の局所的特徴による文の構造の推定」，情報処理学会音声言語処理研究会研究報告，2003-SLP-46（1），pp. 1-6（2003.5）.

大須賀 03b：大須賀智子，堀内靖雄，市川 熹，「韻律からの文構造推定における局所的特徴の分析」，人工知能学会言語・音声理解と対話処理研究会資料，SIG-SLUD-A301-04, pp. 1-6（2003.7）.

大須賀 03c：大須賀智子，堀内靖雄，市川 熹，「韻律のみによる文構造推定手法の検討」，日本音響学会講演論文集，1-8-24, pp. 229-230（2003.9）.

大須賀 04a：大須賀智子，「韻律情報を用いた話者交替／継続の識別に関する検討」，日本音響学会 2004 年秋季研究発表会（2004.9）.

Osuga 04b：Osuga, T., Nishida, M., Horiuchi, Y., Ichikawa, A., "Estimating Syntactic Structure from Prosodic Features in Japanese Speech," *ICSLP2004*（2004.10）.

Ohsuga 05：Ohsuga, T., Nishida, M., Horiuchi, Y., Ichikawa, A., "Investigation of the Relationship between Turn-taking and Prosodic Features in Spontaneous Dialogue," *Proc. of EUROSPEECH05*, 2CO2-2, pp. 33-36（2005.9）.

大須賀 06a：大須賀智子，堀内靖雄，西田昌史，市川 熹，「音声対話での話者交替／継続の予測における韻律情報の有効性」『人工知能学会論文誌』Vol. 21, No. 1, pp. 1-8（2006.1）.

大須賀 06b：大須賀智子，「実時間コミュニケーションにおける音声の韻律情報の機能」，千葉大学学位申請論文，千葉大学（2006.1）.

大高 04a：大高 崇，西田昌史，堀内靖雄，市川 熹，「メトロノームを利用した手話の時間構造の分析」，電子情報通信学会福祉情報工学研究会資料，

WIT2003-64, pp. 7-12（2004.3.26）。

大高 04b：大高 崇，西田昌史，堀内靖雄，市川 熹，「手話単語の時間構造に関する一考察」，日本手話学会30回大会，pp. 8-11（2004.6）。

大高 05：大高 崇，西田昌史，堀内靖雄，市川 熹，「手話単語の時間長に関する検討」，第31回日本手話学会大会予稿集，pp. 21-26（2005.7）。

大高 06：大高 崇，西田昌史，堀内靖雄，市川 熹，「単語の時間構造を考慮した手話CGアニメーションの生成」，電子情報通信学会福祉情報工学研究会資料，WIT2005-59, pp. 37-42（2006.1）。

P

Poizner 87：Poizner, H., Klima, E. S. & Bellugi, U., "What the Hands Rebeal about the Brain," MIT Press（1987）．

Prillwitz 89：Prillwitz, et al., *HamNoSys. Version 2.0. Hamburg Notation System for Sign Language. An Introductory Guide*, Broschur/Paperback, 46 Seiten, Signum（1989）．

R

Raffer-Engel 80：edited by Walburga von Raffer-Engel, "Aspects of Nonverbal Communication."（本名信行・井出祥子・谷林真理子編訳，『ことばによらない伝達　ノンバーバル・コミュニケーション』，大修館書店（1981）。）

リッチモンド 06：リッチモンド，V.P., マクロスキー，J.C., 山下耕二編訳，『非言語情報の心理学』，北大路書房（2006）。

S

Sachs 74：Sachs, H., Schegloff, E. A. & Jefferson, G., "A simplest systematicsfor the organization of turn-taking for conversation," *Language*, 50, pp. 696-735（1974）．

齋藤 09：齋藤涼子，堀内靖雄，黒岩眞吾，「話者交替規則に基づく日本手話対話のオーバーラップ現象の分析」，第35回日本手話学会大会，pp. 25-28（2009）。

坂井 98：坂井忠裕，石原達哉，牧野英二，近藤 悟，関口卓司，「受動的触知による新しい点字伝達方式」『映像情報メディア学会誌』Vol. 52, No. 4, pp. 512-519（1998）。

佐藤安 10：佐藤安里，大橋浩輝，菊池英明，市川　熹，「音声の非言語情報の知覚・認知モデルの検討——感情認知過程を説明する階層モデル」，電子情報通信学会音声研究会資料，SP2009-167, Vol. 109, No. 451, pp. 111-116（2010.3）．

佐藤翔 08：佐藤翔太，木村太郎，堀内靖雄，西田昌史，黒岩眞吾，市川　熹，「STRAIGHT を用いた F0 モデルに基づく韻律パラメータの変更・再合成ツールの開発」，日本音響学会 2008 年春季発表会（2008）．

Schgloff 79：Schgloff, H. & Sachs, E. A., "Two preferences in the organization of reference to persons in conversation and their interaction," in Psathas, G. (Ed.), *Everyday language: Studies in ethnomethodology*, pp. 15-21, Irvington (1979).

塩野目 04：塩野目剛亮，鎌田一雄，山本英雄，「手話知覚と画面大きさとの関係に関する一検討」，電子情報通信学会ヒューマンコミュニケーション基礎研究会，HCS 2003-6（2004）．

Stokoe 76：Stokoe, W. C., Casterline, D. & Croneberg, C., "A Dictionary of American Sign Language (rev.)," Silver Spring, MD.: Linstok Press (1976).

Sutton 81：Sutton. V., "Sign Writing System for Everyday Use," The Center for Sutton Movement Writing Inc., Boston (1981).

鈴木則 01：鈴木則夫，堀内靖雄，市川　熹，「抑揚情報による木構造の準実時間推定」，日本音響学会 2001 年春季研究発表会，pp. 341-342（2001.3）．

鈴木誠 74：鈴木誠史，「高圧環境で発音された音声の性質」『電子通信学会論文誌』57A/3（1974）．

T

高梨 07：高梨克也，「進行中の文に対する聞き手の漸進的文予測のメカニズムの解明」『シリーズ文と発話 3　時間の中の文と発話』，ひつじ書房，pp. 159-202（2007）．

武田 91a：武田昌一，市川　熹，「日本語文音声におけるプロミネンスの韻律的特徴の解析」『日本音響学会誌』47，6，pp. 386-396（1991.6）．

武田 91b：武田昌一，市川　熹，「日本語音声のプロミネンス生成規則作成と評価」『日本音響学会誌』47，6，pp. 397-404（1991.6）．

Takeda 94：Takeda, S., Ichikawa, A., "Analysis of prominence in spoken Japanese sentences and application to text-to-speech synthesis," *Speech Communication*, 14, 2, pp. 171-196 (1994.4).

田窪 10：田窪行則,『日本語の構造　推論と知識管理』, くろしお出版, pp. 181-192 (2010)。

Tanaka 08a：Tanaka, S., "A Study of Non-linguistic Information and its Application for Learners and Interpreters," 千葉大学学位申請論文, 千葉大学 (2008)。

Tanaka 08b：Tanaka, S., Nakazono, K., Nishida, M., Horiuchi, Y., Ichikawa, A., "Analysis of Skill Measurement of Interpretation between Spoken Jaoanese and Japanese Sign Language,"『人工知能学会論文誌』Vol. 23, No. 3, pp. 117-126 (2008.5)。

点字 01：日本点字委員会,『日本点字表記法 2001 年版』, 日本点字委員会 (2001)。

寺村 87：寺村秀夫,「聴き取りにおける予測能力と文法的知識」『日本語学』3 巻 6 号, 明治書院, pp. 56-68 (1987)。

寺西 84：寺西立年, 灘波精一郎編,『聴覚ハンドブック』第 7 章, ナカニシヤ出版, pp. 276-319 (1984)。

鳥越 95：鳥越隆士,「ろう児はいかにして手話を学ぶか——第一言語としての手話の学習過程」『手話学研究モノグラフⅤ』, 日本手話学会 (1995)。

U

内山 09：内山登紀生,「成人期の自閉症スペクトラム」『そだちの科学』No.13 (2009.11)。

Y

山本 00：山本淳一,「自閉症児のコミュニケーション」『ことばの障害と脳のはたらき』, ミネルヴァ書房 (2000)。

山崎 05：山崎志織, 西田昌史, 堀内靖雄, 市川　熹,「手話と音声の比較によるうなずきに関する予備検討」, 人工知能学会言語・音声理解と対話処理研究会資料, SIG-SLUD-A502-07, pp. 29-34 (2005.11.25)。

山崎 06：山崎志織, 堀内靖雄, 今井裕子, 西田昌史, 市川　熹,「手話と音声の

比較によるうなずきのタイミングに関する分析」，人工知能学会第 47 回言語・音声理解と対話処理研究会資料，pp. 37-42（2006.6）.

山崎 07：山崎志織，堀内靖雄，西田昌史，黒岩眞吾，市川 熹,「3DCG による手話文アニメーション合成システムの構築と評価」，電子情報通信学会技術研究報告，WIT2007-77，pp. 31-36（2008.1）.

Z

ザトラウスキー 09：ザトラウスキー，ポリー,「寺村文法の予測と談話における共同発話」『月刊言語』38 巻 1 号，大修館書店，pp. 50-55（2009）.

索　引

アルファベット

AbS　→合成による分析法
AP　→アクセント句
Bot3D　97, 101
BPR　→あいづち打ち適格場
CSJ　23, 32
CTRP　→複合移行適格場
CU　→節単位
ELAN　26, 69, 76
f0 パターン　46, 50, 54, 56, 61, 65, 171
　　――生成過程モデル　55, 58, 62
F0 モデル　46, 50, 55, 61, 171, 197
F 陣形　27
GA　→遺伝的アルゴリズム
gu　→ジェスチュア単位
IPU　→間休止単位
ITU　→情報伝達単位
IU　→イントネーション単位
LUU　→長い発話単位
Mimehand II　100
MOS　103
MRUB　→最近隣単位境界
MS　→手指信号
NMS　→非手指信号
RS　→ロールシフト
sIGNDEX　70, 74, 82, 145
　　――手話データベース　70
　　――法　74
SUU　→短い発話単位
syllable lengthening　57
TCU　→ターン構成単位
TRP　→移行適格場
Web　197

WH 疑問文　84
YES/NO 疑問文　84

あ　行

アイカメラ　79
あいづち　22, 49, 62, 64, 81, 124, 152, 159, 160, 192, 199
　　――打ち適格場　65
曖昧構造文　112, 116
アクセント　13, 46, 48, 50, 54, 62, 133, 144, 169, 173, 178, 182, 191
　　――型推定機能　49
　　ストレス――　13
　　ピッチ――　13
アクセント句（AP）　9, 32, 43, 48, 52, 54, 57, 66, 145, 179, 187, 191
　　後続――　58
　　先行――　58
アッシャー症候群　109
アバタ　80
いいよどみ　74
息継ぎ　24
移行適格場（TRP）　22, 25, 31, 34, 91, 176, 186
　　複合――（CTRP）　22, 25
遺伝的アルゴリズム（GA）　50, 52, 55, 58, 171
意味レベル　9
印象語　141
インターネット　126
イントネーション単位（IU）　24
　　実質的――　24
　　断片的――　24
　　談話機能的――　24

韻律　4, 10, 12, 25, 32, 33, 61, 154, 177
うなずき　39, 65, 79, 80, 83, 86, 124, 152, 156, 158, 162, 192, 193, 199
　後続——　85, 159
　同期——　85
右脳　102
運用レベル　9
英語音声　13, 46, 85, 160, 183
演技　140
お面の手話　71, 79
音源　11, 13, 132, 183
音声言語　18, 19, 23, 67, 86, 102, 121, 151, 160, 175
音節　9, 12, 34, 56, 177
音素の持続時間　12
音引き現象　153

か　行

階層　15, 43, 118, 138, 189
　——構造　9, 23
係り受け　24, 31, 34, 46, 56, 61, 72, 82, 112, 115, 179, 187, 188, 191
　——構造情報　188, 191
書き言葉　19, 33, 40, 44, 72, 73, 178
下降型　49
画質特性　102
加速度　98
画素数　102
型残り　76
傾け　83
ガーデンパス文　43
間休止単位　24
完結可能点　31, 32
感情音声　3, 134
感情情報　133, 136, 167, 179, 194
感情認識　140
間投詞　49
感動詞　35, 186

擬似実験　120
軌跡　26, 74, 97, 101, 104, 181
揮発性　1, 7, 19, 46, 94, 102, 114, 117, 119, 134, 175, 196, 200
気分　131, 135
基本感情　136, 141, 180
基本周波数　12, 47, 50, 80, 85, 134, 170, 180, 182, 190
　——$f0$　37, 46, 49, 63, 82, 145, 153, 164, 169, 181, 182, 184
気持ち　3
キャッチメント　26
強調　114, 119, 133, 144, 145, 158, 188
　——表現　113, 133, 144, 188, 191
　——文　113, 114
協調の原理　29, 197
共同活動　30, 197
共同発話　30
句読点　73
首下げ　83
首動作　16, 82, 88, 159
首振り　83, 145
計算論　5, 14, 137, 138, 187, 189
携帯テレビ電話　102
形容詞　16, 81, 146, 163
言語獲得　5, 15, 18, 133, 151, 164, 180, 193, 201
言語関連情報　3, 10, 42, 179, 185, 188, 191, 198
言語行為論　27
言語構造情報　186
言語的情報　3, 8, 13, 15, 21, 25, 33, 37, 40, 46, 48, 50, 61, 75, 81, 86, 96, 97, 115, 131, 132, 133, 135, 151, 153, 163, 164, 177, 186, 189, 192, 195, 198
言語発達　66, 164
言語分析　33
語彙辞書　35, 187, 189

語彙情報　15, 49, 182, 188, 189, 201
合意形成　17, 34, 127, 166, 167, 194
交叉　53
合成音声　45, 57, 67, 133, 196
合成による分析法　52
拘束手話　→ドラえもんの手話
高調波成分　13, 137
構文解析　8, 34, 119, 186
構文構造　94, 187
興奮状態　134, 137, 140
誤解状態　48
心の理解　165, 193, 201
心の理論　165, 193
個人性　5, 13, 17, 109, 131, 132, 136, 137, 138, 147, 178, 188, 191, 193, 197, 201
コーダ　69
コピュラ　61
語用論　22, 25, 92
コンテンツ　43, 197

さ 行

最近隣単位境界　32
先取り　1, 8
ささやき声　13, 183, 195
左脳　102
3階層モデル　138
参与構造　27
子音　11
ジェスチュア　18, 23, 26, 164, 165
　──単位　26
視覚言語　4, 15, 19, 164, 175, 189, 196
　実時間──　67
時間感覚　82
時間構造　12, 63, 66, 70, 73, 80, 82, 94, 96, 102, 104, 111, 116, 117, 120, 126, 173, 181, 182
　──分析用手話データ　69, 72
思考過程　24

自己調整　166, 194
視線　12, 22, 26, 35, 38, 61, 65, 68, 80, 84, 86, 92, 151, 161, 163, 182, 188, 191, 192
自然さ　124
失語症　172
実時間言語　19
実時間コミュニケーション　7, 13, 181
　──機能　178
実時間処理　1, 42, 50, 169, 172, 183, 184
実時間対話　1, 10, 13, 17, 24, 50, 135, 167, 169, 183, 185, 187, 198
　──の階層モデル　15
実時間伝達支援機能　50
実時間伝達支援情報　3, 10, 15, 40, 179, 198
自閉症　5, 151, 167, 193
社会性の獲得　193
社会的関係　160, 179
尺度　170, 178
周辺言語的表現　177
周辺視　81, 96
周辺（パラ）言語的情報　3, 8, 15, 40, 79, 177
主観評価　100, 140
手指信号（MS）　79, 80, 86, 96
手話 CG　73, 95, 196
手話対話　68, 72, 80, 90, 102, 145, 158, 163, 195
手話単語　26, 68, 70, 72, 82, 84, 95, 110, 145, 165, 181, 187
手話通訳　69, 93, 94, 103
手話テレビ電話　102
手話動画　69, 74, 79, 82
手話喃語　165
手話ニュース文　112, 117
障害者支援技術　196
上昇型　49
肖像権　96

230

情緒　14, 131, 134, 135, 166, 194
　——的調整　166, 194
情動　14, 15, 131, 134, 135, 147
情報伝達単位　157
情報発信　5, 126, 127, 197
触指文字　129
触手話　109, 128
助詞　84, 112, 119, 145, 180, 190
　間投——　65, 153
　終——　49, 65, 153
触覚　107, 124, 127, 128, 130, 161, 172, 177, 184, 188
触覚言語　4, 15, 19, 175, 196
　実時間——　107
助動詞　49, 153
尻上がりイントネーション　→山形イントネーション
信号　21, 23, 42, 66, 75, 109, 151, 166, 169, 173
人工内耳　164, 195
身体性情報　35
身体動作　15, 23, 35, 38, 61, 83, 137, 145, 151
　——言語　86
心的辞書　14, 34, 43, 66, 172, 181, 184, 185, 186, 187, 188, 189, 191
心的状態　35
心的負担　57, 95, 97, 191
心的モニタ　35, 185
心理状態　9, 132, 198
心理量　12
数符　115, 117, 119
スペクトル　10, 13, 45, 66, 87, 132, 137, 139, 172, 179, 182
正規化　94, 99, 166, 169, 171, 183, 184
制御指令　18, 194
声帯　11, 13, 18, 50, 132, 137, 183, 194, 197
　——波形　13, 134, 137, 183

静態論　40
声道　18, 134, 169, 175, 194
生理的過程　5
セグメンテーション　44, 48, 54, 94, 187, 189, 193
　——機能　165
節単位　23, 32
セマンティックス　→意味レベル
漸進的発話末予測モデル　32
漸進的文予測　31
選択　53
全盲ろう者　107, 160
促音　11

　　　た　行

対数　59, 87, 170, 171, 183, 184, 187
　——特性　170, 184
体調　3, 13, 14, 17, 81, 96, 131, 132, 133, 139, 144, 179, 192, 198
代名詞　92, 163, 165
対立意見手話対話　70, 85, 90, 158
対立意見対話　38, 90, 152, 158, 161
対話音声　2, 7, 18, 33, 37, 40, 73, 84, 92, 114, 132, 176, 187, 200
対話言語　4, 34, 43, 69, 76, 91, 104, 106, 166, 178, 186, 189, 194, 196, 198
　実時間——　3, 10, 94, 102, 175, 177, 185
　——表出の情報相互関係からのモデル　191
対話態度　15, 181, 189
ダウンステップ　56
濁音・半濁音符　115, 119
多人数インタラクション　163
多人数対話　151, 163, 192
多変量解析　136, 138
ターン　22, 24, 32
　——構成単位　22, 24, 32
　——構成部門　22

索　引　231

――交替規則　22, 24, 199
――配分部門　22
談話セグメント　25
遅延特性　105
知覚・認知　5, 14, 18, 19, 42, 55, 106, 131, 147, 149, 169, 175, 185, 199
地図課題コーパス　38, 49
中間型手話　68
中国語音声　46
長音　11
調音　43, 75, 175
――器官　94
聴覚言語　4, 15, 19, 164, 175, 189, 196
聴覚障害児　165, 195
聴覚の時間特性　171
調動　75, 176
――器官　94
重複発話　8, 33, 49, 64, 90, 152, 176, 186, 199
超分節的情報　177
通報の計画　189
手書き文字　129
点字タイプライタ　19, 109, 128
伝送コマ数　102
伝達意図情報　9
伝達内容情報　3, 10, 16, 40, 179, 198
同意　65, 82, 199
統語構造　30, 61
統語論　22, 92
動作要素　77
同時的表現　76
投射　1, 30, 33, 42, 186
動態論　40
読点　73
読書器　126
突然変異　53
ドラえもんの手話　70, 79

な　行

握り点字　130
2次元表示手話解析ツール　76
二重課題法　14, 45
日本語対応手話　68, 94, 187
日本語地図課題対話コーパス　62
日本手話　15, 68, 69, 73, 80, 82, 95, 102, 160, 176, 187, 189
ニューラルネットワーク　67, 138
認知　5, 8, 16, 19, 48, 57, 61, 105, 115, 117, 119, 120, 140, 165, 166, 169, 177, 193
――処理　16, 42, 94, 180
認知症　200
認定ルール　25
ネイティブサイナ　70, 76, 80, 85, 88, 95, 97
脳磁観測　102

は　行

拍　9, 11, 12, 95
撥音　11
発語行為　28
発語内行為　28
発語媒介行為　28
発語前言語能力　194
発達障害　167, 195, 200
発話意図　15, 189
発話開始時点　83
発話権　92, 162, 163
発話者情報　2, 10, 13, 14, 15, 42, 48, 115, 131, 151, 166, 178, 189, 194, 198
発話終了時点　83, 159
発話態度　134, 179
発話単位　23, 33, 72, 153, 159, 161
　　長い――　32
　　短い――　32
発話長　159

発話の計画　　189
発話の重複現象　　43
発話の丁寧さ　　48
発話末　　31, 32, 49, 50, 85, 152
話し手の内部状態　　3
破裂音　　11
パワー　　12, 32, 49, 63, 65, 87, 144, 180, 183
範疇的情報　　79, 140, 178
半二重通信　　177
半母音　　11
非言語的情報　　3, 8, 40, 138, 177
非手指信号（NMS）　　74, 79, 80, 86, 96
ピッチ　　12, 46, 181
非範疇的情報　　179
評価語　　141
品詞　　33, 49, 167
　　――情報　　8, 49
ファジー推論　　138
フェヒナーの法則　　170
副詞　　16, 30, 81, 146, 163
符号化　　102, 105
藤崎モデル　　→F0 モデル
物理的実体　　3, 34
プラグマティックス　　→運用レベル
フランス語音声　　46
フレーズ成分　　50, 55, 59, 62, 181
プロミネンス　　→強調
プロンプタ　　38, 68, 86, 152
文構造情報　　16, 42, 43, 179
分節的情報　　177
文法標識　　76
文末表現　　49, 176
平坦形　　49
並列表現　　85
弁別特徴　　9
母音　　11
母語　　68, 82, 86, 95, 102, 165, 172
ポーズ　　12, 24, 45, 46, 56, 65, 73, 77, 83, 90, 144, 156, 159
本体　　69, 72, 93, 96

ま　行

摩擦音　　11
マザリーズ　　164
マルチモーダル　　23, 35, 61, 160, 164
無意味音声　　56
メトロノーム　　88
　　――手話　　82
メル尺度　　170
文字表記　　9, 75
文字放送指点字受信機　　126
モーションキャプチャ　　80, 96
モダリティ　　164, 175
モーフィング　　97, 136
モーラ　　11, 12, 32, 48, 49, 54, 62, 94, 121, 134, 145, 146, 153, 170, 173, 177

や　行

躍度　　98
山形イントネーション　　153
指差し　　78, 84, 163
指点字　　4, 17, 24, 66, 107, 145, 151, 160, 172, 175, 178, 181, 184, 186, 187, 190, 191, 196, 200
　　――会議システム　　127
　　――システム　　125
　　――端末　　120, 124, 125, 126
　　――電話　　126
　　――の規則合成　　119
　　――文　　112, 115, 146
　　――ワープロ　　126
指文字　　68
拗音符　　115, 119
要素感覚　　139, 148
予期　　1, 8, 10, 22, 33, 92, 185, 187
抑揚　　4, 10, 12, 119, 162

予告　　1, 10, 23, 35, 40, 51, 54, 56, 61, 93, 119, 179, 185, 188, 193
予告情報　　1, 16, 25, 35, 42, 57, 61, 79, 91, 94, 97, 171, 178, 184, 185, 188, 189, 192, 196, 199
　アクセント句分割——　188
　伝達内容構造——　3, 42, 179
　文構造——　56
　話者交替——　3, 42, 179
予測　　1, 8, 10, 16, 22, 30, 31, 32, 33, 40, 55, 58, 61, 65, 72, 89, 91, 93, 96, 97, 104, 172, 173, 180, 186, 187, 192, 197, 199
　——文法　　30, 34

ら 行

ラウドネス　　12
離散的な情報　　9
リズム　　11, 12, 86, 94, 102, 117, 123, 164, 166, 172, 184, 192, 193
　——構造　　65, 184
略字　　112
流音　　11
了解性　　141
隣接ペア　　21, 25, 29
ロールシフト　　89

わ 行

話者継続　　49, 85, 90, 153, 161, 187, 199
話者交替　　1, 21, 23, 31, 34, 42, 49, 61, 85, 90, 92, 94, 153, 161, 176, 186, 188, 191, 192, 193, 199
　——規則　　21, 91, 192
話者識別　　148
話者同定　　148
話者認識　　132, 133, 148
話題内容　　1, 9
わたり　　69, 72, 77, 91, 93, 97, 100, 104, 179

The Science of the Language of Dialogs
— Prosody Facilitates Communication —

Akira ICHIKAWA

As an important and essential function supporting the human being who is social existence, the dialog function between the others by language exists. Interaction with others, in the form of dialog, is an integral part of human social existence.

In the language of a dialog, the utterance is expressed and almost simultaneously disappears (a quality known as volatility). However, many skill-based functions enable smooth transition in the language of a dialog. For example, we can recognize the boundary of a word immediately from the phoneme sequence of the continuation utterance. Furthermore, the word can be specified. Moreover, the structure of a sentence can be immediately ascertained from the word sequence. Further, we can predict the end of the latest utterance even before we fully hear it, and can begin another one.

In order to do the above, we need to perform these skill-based processing tasks in real time. However, real-time processing of only language-related information may not be possible because the amount of information that should be processed in an instant is very large.

In this book, I hypothesize that certain information is automatically added at the time of expressing the utterance. Further, I believe that this information facilitates processing to understand the utterance in real time. Since processing for the sake of understanding is performed easily, we are not conscious of this information. Therefore, this information appears to have been so far overlooked by researchers. Moreover, since such information is not linguistic by nature, linguists may not perceive this information as a worthwhile subject of research.

Drawing on the above viewpoint, I focus on prosody information, which is peculiar to the language of a dialog. Prosody information refers to information on aspects of speech, such as intonation. Such information is not usually presented in the written word.

Sign language (visual language) and finger Braille (tactile language) as well as spoken language (auditory language) are volatile. By analyzing these three forms of language, I discovered that the information corresponding to audio prosody exists across the three. These results also suggest that prosody information is bearing the important information which enables a real-time dialog.

Then, by analyzing speech prosody in detail, I discovered that the preliminary announcement information corresponding to the various functions mentioned above exists in prosody information. The hearer predicts the position where each function appears by using the preliminary announcement information. My results suggest that this prediction can realize the smooth progression of dialog in real time.

The hearer makes overlapping utterances on the basis of the preliminary announcement information and of predictions made using this information. Thus, the hearer intuits the speaker's intentions regarding the next stage of the dialogue. Thus, overlapping utterances are believed to lighten the speaker's mental efforts. This effect is probably an important element that enables smooth dialog.

Moreover, I observed that a change of response in a partner influences the advance of the dialog. This phenomenon is based on the above real-time processing function.

Additionally, another indispensable function of real-time processing is perceiving and recognizing a change in the rhythm of the dialog, caused by the condition of the partner (feelings, individual nature, etc.). I believe that this function serves as a basis for infants to acquire their native language. Furthermore, I consider this function as a basis for acquiring the concept of another person's existence. On the contrary, I attribute the difficulties that developmentally disabled persons face in dialog to their incomplete acquisition of this function.

As mentioned above, preliminary announcement information is considered to be essential for people's intellectual activity.

Until now, the information conveyed in spoken language has been categorized under "linguistic information," "paralinguistic information," and "nonlinguistic information." However, in this book, I propose the existence of the following types of information in the language of real-time dialogs, on the basis of my research. These types are "message information" ("linguistic information" and "utterance person information") and "information supporting real-time transition" ("message preliminary announcement information" and "speaker-shift preliminary announcement information"). The latter is the information added at the time of expressing utterances, and is the feature of this book.

著者紹介

市 川　熹（いちかわ　あきら）

慶應義塾大学工学部卒業。日立製作所中央研究所，千葉大学を経て，現在早稲田大学人間科学学術院教授兼早稲田大学重点領域研究機構応用脳科学研究所員，千葉大学名誉教授。工学博士。
電子情報通信学会フェロー。電子情報通信学会論文賞，総務大臣表彰など受賞。
音声情報処理，対話言語処理，福祉情報工学，ヒューマンインタフェースなどの教育研究開発に従事。電子情報通信学会，人工知能学会などの理事・評議員や日本音響学会評議員・音声研究会委員長，人工知能学会言語音声理解と対話処理研究会主査，日本手話学会監事・会誌編集委員・大会実行委員長，ヒューマンインタフェース学会評議員・企画委員会委員，文部科学省特定領域「情報福祉の基礎」領域代表，など歴任。電子情報通信学会福祉情報工学研究会，同発達障害支援研究会など創設。電子情報通信学会，日本音響学会，人工知能学会，ヒューマンインタフェース学会，言語処理学会，情報処理学会，日本手話学会，音声言語医学会，IEEE，ISCAなどの各会員。
[主な著書]『人と人をつなぐ　音声・手話・指点字』（岩波書店），『福祉と情報技術』（共著，オーム社），『情報福祉の基礎知識』（編著者代表，ジアース教育新社）など。

早稲田大学学術叢書 18

対話のことばの科学
―プロソディが支えるコミュニケーション―

2011年6月30日　　初版第1刷発行

著　者……………市　川　熹
発行者……………島　田　陽　一
発行所……………株式会社　早稲田大学出版部
　　　　　　　　　169-0051 東京都新宿区西早稲田 1-9-12-402
　　　　　　　　　電話 03-3203-1551　　http://www.waseda-up.co.jp/
装　丁……………笠　井　亞　子
印刷・製本………株式会社　平文社

Ⓒ 2011, Akira Ichikawa. Printed in Japan　　ISBN978-4-657-11711-3
無断転載を禁じます。落丁・乱丁本はお取替えいたします。

刊行のことば

　早稲田大学は、2007年、創立125周年を迎えた。創立者である大隈重信が唱えた「人生125歳」の節目に当たるこの年をもって、早稲田大学は「早稲田第2世紀」、すなわち次の125年に向けて新たなスタートを切ったのである。それは、研究・教育いずれの面においても、日本の「早稲田」から世界の「WASEDA」への強い志向を持つものである。特に「研究の早稲田」を発信するために、出版活動の重要性に改めて注目することとなった。

　出版とは人間の叡智と情操の結実を世界に広め、また後世に残す事業である。大学は、研究活動とその教授を通して社会に寄与することを使命としてきた。したがって、大学の行う出版事業とは大学の存在意義の表出であるといっても過言ではない。そこで早稲田大学では、「早稲田大学モノグラフ」、「早稲田大学学術叢書」の2種類の学術研究書シリーズを刊行し、研究の成果を広く世に問うこととした。

　このうち、「早稲田大学学術叢書」は、研究成果の公開を目的としながらも、学術研究書としての質の高さを担保するために厳しい審査を行い、採択されたもののみを刊行するものである。

　近年の学問の進歩はその速度を速め、専門領域が狭く囲い込まれる傾向にある。専門性の深化に意義があることは言うまでもないが、一方で、時代を画するような研究成果が出現するのは、複数の学問領域の研究成果や手法が横断的にかつ有機的に手を組んだときであろう。こうした意味においても質の高い学術研究書を世に送り出すことは、総合大学である早稲田大学に課せられた大きな使命である。

　「早稲田大学学術叢書」が、わが国のみならず、世界においても学問の発展に大きく貢献するものとなることを願ってやまない。

2008年10月

早稲田大学

早稲田大学学術叢書シリーズ

中国古代の社会と黄河
濱川 栄 著（¥5,775　978-4-657-09402-5）
中国の象徴とも言える黄河。幾多の災害をもたらす一方，その泥砂で華北に大平原を形成してきたこの大河は，中国古代の歴史といかなる関わりをもったかを検証。

東京専門学校の研究 ―「学問の独立」の具体相と「早稲田憲法草案」―
真辺 将之 著（¥5,670　978-4-657-10101-3）
早稲田大学の前身・東京専門学校の学風を，講師・学生たちの活動より描き出した書。近代日本の政治史・思想史・教育史上の東京専門学校の社会的役割を浮き彫りに。

命題的推論の理論 ―論理的推論の一般理論に向けて―
中垣 啓 著（¥7,140　978-4-657-10207-2）
命題的推論（条件文や選言文に関する推論）に関する新しい理論（MO理論）を提出し，命題的推論に関する心理学的諸事実をその理論によって説明したものである。

一亡命者の記録 ―池明観のこと―
堀 真清 著（¥4,830　978-4-657-10208-9）
現代韓国の生んだ最大の知識人，『韓国からの通信』の著者として知られる池明観の知的評伝。韓国併合から百年，あらためて日本の隣国との関わり方を問う。

ジョン・デューイの経験主義哲学における思考論 ―知性的な思考の構造的解明―
藤井 千春 著（¥6,090　978-4-657-10209-6）
長く正当な評価を受けてこなかったデューイの経験主義哲学における，西欧近代哲学とは根本的に異なった知性観とそれに基づく思考論を描き出した。

霞ヶ浦の環境と水辺の暮らし ―パートナーシップ的発展論の可能性―
鳥越 皓之 編著（¥6,825　978-4-657-10210-2）
霞ヶ浦を対象にした社会科学分野での初めての本格的な研究書。湖をめぐって人間はいかなるルールを作り，技術を開発し，暮らしを営んできたか，に分析の焦点をあてた。

朝河貫一論 ―その学問形成と実践―
山内 晴子 著（¥9,345　978-4-657-10211-9）
イェール大学歴史学教授・朝河貫一の戦後構想は，これまで知られている以上に占領軍に影響があったのではないか。学問的基礎の形成から確立，その実践への歩みを描く。

源氏物語の言葉と異国
金 孝淑 著（¥5,145　978-4-657-10212-6）
『源氏物語』において言葉としてあらわれる「異国」を中心に，その描かれ方を検討し，その異国の描かれ方がどのような機能を果たしているのかを分析する。

経営変革と組織ダイナミズム ―組織アライメントの研究―
鈴木 勘一郎 著（¥5,775　978-4-657-11701-4）
パナソニックや日産自動車などにおける変革プロセスの調査・分析をもとに，新しい時代の企業経営のために「組織アライメント・モデル」を提示する。

帝政期のウラジオストク ―市街地形成の歴史的研究―
佐藤 洋一 著（¥9,765　978-4-657-11702-1）
国際都市ウラジオストクの生成・発展期における内部事象の特質を研究。これからの日露両国の交流や相互理解を深める上での必読書。

民主化と市民社会の新地平 ―フィリピン政治のダイナミズム―
五十嵐 誠一 著（¥9,030　978-4-657-11703-8）
「ピープルパワー革命」の原動力となった市民社会レベルの運動に焦点をあて，フィリピンにおける民主主義の定着過程および今後の展望を明らかにする。

石が語るアンコール遺跡 ―岩石学からみた世界遺産―
内田 悦生 著　下田 一太（コラム執筆）（¥6,405　978-4-657-11704-5）
アンコール遺跡の文化財科学による最新の調査・研究成果をわかりやすく解説するほか，建築学の視点からみた遺跡にまつわる多数のコラムによって世界遺産を堪能。

モンゴル近現代史研究：1921〜1924年 ―外モンゴルとソヴィエト，コミンテルン―
青木 雅浩 著（¥8,610　978-4-657-11705-2）
1921〜1924年に外モンゴルで発生した政治事件の発生および経緯を，「外モンゴルとソヴィエト，コミンテルンの関係」という視点から，明らかにした力作。

金元時代の華北社会と科挙制度 ―もう一つの「士人層」―
飯山 知保 著（¥9,345　978-4-657-11706-9）
女真とモンゴルの支配下にあった「金元時代」の中国華北地方において，科挙制度の果たした社会的役割，特に在来士人層＝知識人たちの反応を解説。

平曲譜本による近世京都アクセントの史的研究
上野 和昭 著（¥10,290　978-4-657-11707-6）
江戸期における京都アクセントの体系を，室町期以降のアクセントの変遷もふまえながら，平曲譜本を中心とした豊富な資料をもとに緻密に考察する。

Pageant Fever: Local History and Consumerism in Edwardian England
YOSHINO, Ayako 著（¥6,825　978-4-657-11709-0）
The first-book length study of English historical pageantry looks at the vogue for pageants that began when dramatist Louis Napoleon Parker organised the Sherborne Pageant in 1905.

全契約社員の正社員化 ―私鉄広電支部・混迷から再生へ（1993年〜2009年）―
河西 宏祐 著（¥6,405　978-4-657-11710-6）
非正規労働者の激増，格差社会の現出など人々の労働環境が厳しさを増しつつあるなか，どうやって「広電現象」は起きたか。20年間に及ぶフィールドワークの集大成。

対話のことばの科学 ―プロソディが支えるコミュニケーション―
市川 熹 著（¥5,880　978-4-657-11711-3）
話すときのイントネーションといったプロソディ情報が実時間での対話を可能にしている実態を，豊富なデータや実証可能な計算論的モデルをもとに明らかにする。

―2011年秋 刊行予定―（書名は仮題）

チベット仏教世界から見た清王朝の研究
石濱 裕美子 著

浄瑠璃と平家物語 ―源平物浄瑠璃の作劇法を巡って―
伊藤 りさ 著

書籍のご購入・お問い合わせ
当出版部の書籍は，全国の書店・大学生協でご購入できます。在庫がない場合は，取り寄せをご依頼ください。
また，インターネット書店でもご購入できます。

早稲田大学出版部
http://www.waseda-up.co.jp/